공대생 인생 튜닝법 2.0

공대생, 미친 존재감으로 거듭나기 위한
7가지 변화 전략

공대생 인생 튜닝법 2.0

공대생, 미친 존재감으로 거듭나기 위한
7가지 변화 전략

서승원 지음

프롤로그

네이버에서 '공돌이'를 검색하면?

　네이버 검색 엔진 키워드 창에 '공돌이'라는 단어를 쳐본 적이 있는가. 가슴 아프게도 가장 먼저 눈에 띄는 지식iN 서비스의 질문은 바로 '공돌이도 장가갈 수 있나요?'이다.
　과연 위의 질문이 정말 사실인지 궁금한가? 아니면 단지 어느 초등학생의 철없는 장난이라고 가볍게 여기는가? 하지만, 현재 공대를 다니고 있고, 또 과거 공대를 졸업한 사람이라면 분명 위의 질문에 공감할 것이다. 대학 4년을 엄청난 학점 이수를 위해 인내와 열정 하나로 밤새 도서관과 실험실에서 전력투구하던 공돌이에게 결국 따라오는 게 때론 이토록 무기력하고 서글픈 사회적 편견이라니……. 왠지 서럽기도 하고, 안타깝기도 하다.
　필자도 한때 공돌이였다. 엄청난 두께의 공학수학책과 전자회로, 그리고 4대 역학책이 그야말로 너덜너덜해질 때까지 들고 다녀야 했던 공과대 출신으로, 필자는 언제나 일명 '공돌이'이라는 반갑지 않은 애칭을 가질 수밖에 없는 현실이 얄밉기만 했다. 그래도 지나온 길을 돌이켜 보노라면 나는 공돌이의 숙명을 자연스레 받아들이면서도, 보기 좋게 주변인들의 편견을 깨고 싶었던 호기가 있었던 것 같다. 괜한 심술이었는지 몰라도, 오히려 공돌이라는 신분으로 과감히 그 편견을 깨어, 다른 공대생의 억울한 누명(?)을 풀어주고 싶었고 또한 주변인들이 쓰고 있는 색안경을 벗겨주고 싶었다. 마치 본인이 대한민국 수백만 공돌이를 대변하는 듯 말이다. 대개, 일반인들은 공돌이 하면 다음과 같은 이미지가 연상적으로 떠올린다.

공돌이→어두운 실험실→하얀 가운과 두꺼운 안경→답답한 외모→쾨쾨한 냄새의 납땜 연기와 실험 공구들→외골수 같고, 꽉 막힌 대화

마치 사랑하는 사람에게 자신이 얼마나 특별한 존재이고, 사랑받을 만한 존재이지 본인의 진가를 채 알리기도 진에 철서히 외면당하는 느낌처럼, 스스로 괜시리 마음이 서럽지 않은가? 아니, 좀 억울하지 않은가? 그러한 마음이 든다면 당신은 새로운 모습의 공돌이(이 책 제목만 보고 스스로 책을 집어들고 여기까지 읽었다면 당신은 벌써 변화의 문에 들어설 동기가 충만한 상태다)로서 긍지와 자부심을 가지고 변화를 받아들일 준비가 되어 있다고 할 수 있겠다. 변화의 필요성을 못 느끼는 닫힌 귀를 가진 것보다는, 자신이 모르고 있었

다는 사실을 인정하는 것부터 출발 하는 것이 향후 엄청난 차이를 가져오는 법이다.

필자는 이 책을 통해 우리나라 수백만의 공돌이가 가슴속에서 과감히 변화하기 위한 동기를 얻는 일말의 작은 불꽃이라도 일어나기를 바라고 글을 썼다. 변화를 꿈꾸기 위해서, 공돌이는 무엇보다 과감히 타인의 지식 영역으로 넘나들 수 있는 능력이 제일 중요하다고 본다. 자고로 지식 흡수에 있어서 편식이란 그다지 좋은 습관이 되지 못한다. 과감히 다른 분야의 지식과 경험을 가리지 않고 받아들여 골고루 흡수할 수 있어야 한다.

'교양' 있는 인재로 거듭나라. 지금 당장 자신이 처한 현실과는 정말 상관없이 동떨어진 세계의 지식이라 여겨지는 것도, 언젠가는 자신의 마음을 붙드는 힘이 되고, 유용하게 쓸 수 있는 강력한 툴이 될 것이다. 물론 도서관에서 우직하게 한 우물만 파는 공돌이의 모습도 물론 칭찬받을 만하다. 베스트셀러『티핑포인트』『블링크』의 저자이자 유명한 경영학자인 말콤 글래드웰이 저서『아웃라이어』에서 소개한 '10년 법칙'에 의하면, 한 우물만 진정으로 파고드는 것도 물론 나쁘지만은 않다. 자신의 가슴속에서 진정으로 울림이 전해지는 그 무엇, 그리고 정말 자신이 좋아하는 일을 하고 있다면 말이다. 이러한 자세를 고집하지 않더라도, 오히려 열린 마음으로 딱딱한 전공을 넘어 과감히 다른 분야의 지식에 대한 접근을 부담스러워하지 않고, 오히려 자연스럽게 받아들인다면 생각의 균형을 잡는 데 매우 유익하다.

  논리정연하고 숫자 계산에 밝으며, 만물의 이치를 합리적으로 생각하는 특성을 가진 공돌이가 주전공 지식분야와 전혀 상관없는 예술과 문학, 역사분야 등에서 사람들과 소통할 수 있을 정도의 광대한 지식수준을 갖춘다면 어떻게 될까? 상상만 해도 가슴 설레고 참 멋진 일 아닌가? 생각의 '균형'을 위한 자세는 단순한 지식 축적량이 아닌, 다른 이들과 함께 대화하고 소통할 수 있는 기본 가능성을 열어준다. 수많은 자기계발서와 커뮤니케이션 이론에서 가장 핵심으로 꼽는 '경청'의 자세를 확보하는 것이다.

  테크니컬한 지식으로 프로페셔널하게 중무장하여, 아주 유연하게 타인과 소통하며 물 흐르듯이 어느 분야에서든 자신의 생각과 경험을 이야기하는 공돌이의 모습을 보고 싶다. 필자도 물론 그러한 필요성과 균형 잡힌 사고 Balanced thinking 의 중요성을 깨닫고 그 배움의 길을 계속해서 걷고 있다. 배움의 길을 걸으면서 두세 차례 선택의 길목에서 변화를 맞이했고, 물론 보기 좋게 나가떨어져 실패하기도 했다. 하지만 그런 경험들을 돌이켜보면 흔들리지 않는 개인의 신념에 따라 결정했었고, 그리고 그 실패마저 좋은 배움의 결과로 남았기에 후회는 없다.

  이 책은 부족하지만 고민이 가득 담긴 필자의 묵상에서 얻은 교훈들로 채워져 있다. 필자 또한 과거 두꺼운 전공서적을 들고 캠퍼스를 헤매야 했던 공돌이였으나, 지금은 IBM 컨설팅 서비스를 고객에게 셀링Selling하는 세일즈 컨설턴트로 변신했다. 지난날의 작은 경험이 바탕이 된 이 책의 글들이, 후회 없이 꿈을 향해 출사표를 내던지고픈 수백만 공돌이에게 더운 날 한줄기 시원하고 상쾌한 소나기 빗줄기와 같은 선물이 되었으면 하는 바람이다. 조금이라도 변화를 꿈꾸는 씨앗이 독자들의 마음에 싹을 틔운다면 필자는 더할 나위 없이 기쁠 것 같다.

  모든 것을 털어놓기에는 다소 부족한 지면이지만 최대한 같은 공돌이의 길을 걸었던 동료의 입장에서 글을 썼다. 변화를 위한 마인드 체인징 메시지를 담고, 또한 구체적으로 그 길을 향한 실천적인 전략을 담아냈다. 부담 없이 본 책의 흐름을 따라가다 보면, 현재의 자신의 모습을 뼈저리게 발견하고, 변화를 맞기 위해 조금씩 꿈틀거리는 설렘을 맛볼 것이다. 나는 변화하기 위해 내가 행했던 노력을 이 책 전반에서 '껍질 깨기'라고 표현했다. 또한 그 무형의 '껍질'을 깨기 위한 변화 전략 7가지를 소개하였다. 여러분이 이 7가지 변화 전략을 곰곰이 되씹고, 따라가다 보면 어느새 과거와는 한층 다른 레이어Layer에 올라서서, 변화하기 이전의 과거 모습을 내려다보며, 스스로를 대견히 여기리라 확신한다. 그리고 어느새 더 깊고, 성숙한 변화를 계속해서 꿈꾸는 자신을 발견할 것이다. 바로 이것이 우리네 공돌이가 너무나 잘 알고 있는 '관성의 법칙' 매력이 아니겠는가.

  필자는 공대 출신 세일즈맨으로서 조금은 색다른 길을 걸어왔는데 이런 경험과 변화의 여정에서 얻은 통찰을 독자들과 나누기를 희망한다. 필자에게도 밤새도록 납땜 연기를 뒤집어쓰고 실험실에서 시간을 보내야 했던 20대 시절이 있었다. 그리고 어느덧 꿈과 비전에 가깝다고 여겨지는 그곳을 향하여 출사표를 과감히 던지던 때가 있었다.

지금도 대학교 실험실, 대학원 연구실, 기업 연구소에서 매진하고 있을 수백만 공돌이를 위하여 이 글을 바친다. 밑져야 본전, 긍정적인 변화를 받아들일 수백만 공돌이를 위하여, 필자는 그들이 '차세대 공돌이'(이 책에서 공돌이라는 표현은 세간의 표현대로 공대생을 폄하하는 표현이 아니라, 오히려 독자에게 친근하게 다가가기 위하여 그들만을 위한 애칭으로 사용하였다)로 거듭날 수 있도록 변화 전략을 과감히 제시하고자 한다. 혹 필자의 글이, 내심 독자의 생채기에 물파스가 스치고 지난 것처럼 괜히 마음 아프게 다가갈지도 모른다. 하지만 마음을 열고 변화의 길목을 향하는 색다른 처방이라고 받아들여 맘껏 변화를 꿈꾸고 설계하는 즐거움을 맛보길 소망한다.

변화에 목마른 그대들의 갈증이 해결되길 진심으로 희망하며
2013년 봄을 기다리는 어느 겨울에

차례

READING

TRAVELING

MENTORING

프롤로그

1부 나를 둘러싼 보이지 않는 껍질
공돌이 라이프, 세상과 담을 쌓기 시작하다 16
세계 최초 공돌이 종족 분석 25
근사한 과학자가 되고 싶었어요 52
성공의 천적, 변화에 대한 두려움 58
나에게 공식을 보여달란 말이야 66
공돌이, 아킬레스건을 찔리다 73

2부 껍질을 깨다
롤모델을 세우라 84
상상하는 바로 그곳까지 현실이 된다 93
그들에게만 축복받은 선물, 모델링 104
공돌이를 위한 변화 전략 1 **책 읽는 공돌이** 114
공돌이를 위한 변화 전략 2 **여행하는 공돌이** 132

 INSPIRATION  CHANGE  2nd LANGUAGE  BUSINESS

공돌이를 위한 변화 전략 3 **멘토를 찾고, 멘토가 되어주는 공돌이** 144
공돌이를 위한 변화 전략 4 **낭만파 공돌이** 152
공돌이를 위한 변화 전략 5 **팔색조 공돌이** 160
공돌이를 위한 변화 전략 6 **영어에 능숙한 글로벌 공돌이** 169
공돌이를 위한 변화 전략 7 **비즈니스맨 공돌이** 176
지금 즉시 실행하라 183

3부 껍질 밖의 세상으로 나오다
나는야, 색깔 있는 발칙한 공돌이 196
공대 나와서 뭐하고 살래? 203
브라보 공돌이 라이프 233

에필로그
먼저 읽고

 READING

 TRAVELING

 MENTORING

 INSPIRATION

 CHANGE

 2nd LANGUAGE

 BUSINESS

1부

나를 둘러싼 보이지 않는 껍질

공돌이 라이프, 세상과 담을 쌓기 시작하다

세계 최초 공돌이 종족 분석

근사한 과학자가 되고 싶었어요

성공의 천적, 변화에 대한 두려움

나에게 공식을 보여달란 말이야

공돌이, 아킬레스건을 찔리다

　요즘 현실을 살아가는 공돌이는 마치 세상과 담을 쌓고, 딱딱한 껍질 안에서 웅크려 살아가고 있는 듯하다. 그들은 그저 연구소나 연구실 안에서 도인처럼 유유자적하며 살면 그만인 듯 세상사에 무관심하고자 한다. 대신 국내 최초로 연구되는 연구주제에 관심이 있을 뿐, 세상 사람들과 관계 맺는 일은 관심이 없다고 공공연히 말하고 그저 내 프로파일에 들어올 국내, 국외 학회 논문 게재수가 중요하다고 말하기도 한다. 사람들은 공돌이의 이러한 일면을 보고 안타까워하며 한편으로는 상식적으로 이해할 수 없어한다.

　필자는 모두가 공감할 공돌이의 애환을 본 서두에서 철저히 분석해보고자 한다. 아직 '껍질' 안에 있는 우리의 모습을 적나라하게 짚기 위하여, 공돌이가

　실제로 받고 있는 오해와 편견을 그대로 고찰하였다. 글을 읽는 그대가 공돌이라면, 아니면 절친한 공돌이 벗을 둔 이라면 충분히 공감하고도 남을 것이다. 무엇인가를 모르는 사람보다, 자신이 모른다는 사실조차 모르는 사람이 더욱 불쌍하고 안타깝지 아니한가.

　본 장에서는 보다 솔직하게 공돌이의 단점을 지적하고자 했으며, 그것은 곧 껍질 안의 우리네 공돌이의 솔직한 모습이다. 마음 불편하게 들을 수 있는 공돌이가 혹시나 있더라도, 너그러이 봐주시라. 본인의 솔직한 모습을 열린 마음으로 보고자 한다면 필자는 더할 나위 없이 반갑겠다.

공돌이 라이프,
세상과 담을 쌓기 시작하다

캠퍼스 안에서 볼 수 있는 공돌이 라이프는 참으로 힘겹다. 교내 복사실에서, 또는 도서관에서 남는 A4 이면지를 가득 들고, 샤프한 자루와 두꺼운 전공책을 안고 강의실과 도서관만을 자의반, 타의반으로 왔다갔다한다. 설레는 마음으로 대학을 들어와서 꿈과 미래를 나누던 패기에 찬 같은 과 친구들은 2학년이 되자 연락이 서서히 두절되기 시작한다. 그들을 만나려면 퀴퀴한 냄새가 나는 도서관 구석 모퉁이로 찾아가야 하고, 그들은 아예 그곳에서 한 무더기의 공돌이 동지들과 어울려 아지트를 만들고 있다.

우리네 공돌이는 입학 때에는 전공에 있어서 뚜렷한 진로의 비전을 볼 수 있는 시야를 가지지 못하고, 그저 주어진 커리큘럼을 따르는 것이 다반사다. 숨 막히는 공대 수업 한 타임이 끝나면 겨우 한숨을 내쉬며 오늘 강의도 '선방' 했다며 다시 도서관으로 가서 밀린 리포트를 작성해야 하는 이들이 공돌이다. 대학 안에서 꿈꾸었던 '연구' 라는 말은 어느새 학부생들에게는 강한 동기 부여를 주지 못하는 단어가 되고, 당장 수없이 떨어지는 엄청난 양의 리포트와 공학수학 문제를 풀기에도 하루가 모자라다.

그들은 고등학교 때 엄청난 입시 수능 스트레스에 시달리면서도, 그래도 공과대학을 가면 너도 나도 TV나 영화에서 봄직했던 멋진 첨단 과학기술을 맘껏 다루고, 소위 국책연구소나 기업연구소에 들어가 입신양명을 할 수 있을 것이라 생각한다. 하지만 스무살 캠퍼스 안에서 만난 현실은 그와 정반대로 슬프기만 하다.

대학교 갓 새내기 때 접하는 교양과목은 말 그대로 그간 고등학교 때까지 접해온 '상식' 과 약간의 양념과 같은 '말빨' 이 가미되면 충분히 감당해낼 수 있는 것들이었다. 하지만 비로소 만나게 되는 공과대 전공과목은, 이름부터가 우리가 흔히 알고 있는 첨단 과학기술과는 아주 거리가 멀어 보이고, 심지어 무엇을 배우는지 감조차 안 오는 제목의 과목들로 구성되어 있다. 1시간은 우습게 흘러가는 강의시간, 또 주말의 보충 수업, 엄청난 양의 수학문제를 밤새 풀어내야 하는 리포트, A4용지와 무시무시하게 두꺼운 전공책으로 가득한 가방, 그리고 숨 막히게 계산기를 두들겨야 하는 시험시간, 얄미운 실험 조교와 비굴한 리포트 제출일 협상 등…….

이것이 바로 공대 출신이라면 누구나 공감하는 공돌이 라이프의 전형적인 한 모습이다. 인정하고 싶지 않지만, 필자도 일전에 어쩔 수 없이 자판기 커피 몇 잔으로 밤을 새워야 했던 힘겨운 공돌이 라이프를 지나왔다. 공돌이에 대한 필자의 기억 속 모습은 지금도 크게 바뀌지 않은 캠퍼스 내 풍경이리라. 캠퍼스 안을 유유자적하는 인문대생을 바라보며 얼마나 부러운 마음에 가느다란 한숨을 쉬었던가.

수많은 시간을 자의반 타의반 상아탑 안에서 고립시켜왔던 것은 부정할 수 없는 사실이다. 어느새 자신도 모르는 벽이 나와 다른 이들 사이에 둘러쳐 있다는 것을 느끼는 순간, 공돌이는 너무나 한쪽 방향으로 달려온 나머지 그외의 주변의 모든 것들을 미처 쳐다볼 겨를이 없었음을 깨닫는다. 수많은 사람들과 이야기할 때 너무나 자연스럽게 오가는 사회 이슈, 문화, 예술에 대한 주제들이 나올 때면, 어떤 대화에도 끼어들 수 없는 무기력감이 찾아든다. 이것은 그다지 기분 좋은 일이 아님은 분명하다. 더구나 누군가 나에게 핵심을 찌르는 날카로운 소견이나 조언을 구한다고 물어올 참이면 정말이지 가슴이 철렁하기까지 하며, 여간 낭패가 아니다.

이럴 때, 더욱 위험한 것은 거꾸로 다시 우울한 상아탑 안으로 들어가려는 본인의 세상 도피 의지이다. 사람들 사이에 벽을 만들고 자신의 세상에 빠져들면, 세상을 놀라게 하고 수많은 이들을 구할 독창적인 기술을 만들겠다는 본인의 희망찼던 포부는 사라지고 상아탑 안에 갇혀 더욱 외로운 공간으로 빠져들기 십상이다. 그래서 공돌이를 바라보는 주변인들이 바로 공돌이의 이러한 외형을 보고서 그들을 폄하하는지도 모르겠다. 실제로, 대학을 졸업하고 사회를 나와서 기업 및 연구소에서 묵묵히 주어진 길을 걷고 있는 공대 졸업생들의 의견에 따르면, 더 넓어진 인간관계 속에서 공대 출신이라는 꼬리표는 은근히 다른 이들에게 좋지 않는 편견을 유발한다고 한다. 스스로 무언가 변신을 꾀하지 않는다면 이대로 둘러싼 옹벽 안에 갇히고 말겠구나라는 생각이 든다 한다.

어디서부터 잘못된 것이고, 누구의 잘못인 것인가. 한때는 캠퍼스 잔디밭에 앉아 뜻있는 친구들과 의기투합하여 패기와 낭만에 가득한 미래를 꿈꾸는 모습을 상상하지 않았던가. 그렇다고 '공돌이가 원래 그렇지 뭐. 우리는 숫자와 논리로 승부한다고.' 라는 편협한 생각으로 스스로를 비하하지는 말자. 캠퍼스 안에서 무한한 자유와 도전, 실패가 허용되는 이때에 더욱 자신의 사고를 말랑말랑하고 유연하게 가져야 한다. 캠퍼스 상아탑이라는 아주 튼튼한 울타리가 있으며, 맘껏 젊음의 가능성과 변신을 꿈꿀 수 있는 비옥한 토양 위에 서 있지 않는가.

가끔 아직 패기 넘치는 20대에 너무나 편협하고, 고정된 사고를 가져서 스스로를 확장시킬 수 있는 자유를 허락하지 않는 학생들을 보면 안타까울 때가 있다. 더욱이 그들이 우리가 지금 얘기하고 있는 공돌이라면 더욱 씁쓸하다. 20대는 수많은 변신을 꿈꾸고, 시도할 수 있는 시기다. 젊음이 이길 수 있는 천적은 바로 두려움이다. 공돌이의 한계에 주눅 들지 말고, 전공책만큼이나 두껍고, 영어 전공원서의 뜻 모를 수식과 문장처럼 알 수 없게만 보여지는 자신의 미래에 대해 불안해하지 말자. 오히려, 그때가 더욱 변신을 과감히 꾀할 수 있을 때다. 캠퍼스 안에서, 강의실 안에서, 그리고 소모임 동아리방 안에서, 공돌이로서 누릴 수 있는 특권과 실패의 자유를 맘껏 경험하라. 그대만이 써낼 수 있고, 풀어낼 수 있는 복잡한 수식에서 자연의 꿰뚫는 법칙을 경험하는 지적 유희도 맘껏 즐겨라. 인문대생의 은근한 시샘을 충분히 이끌어낼 수 있는 묘한 능력이 그대에게 있다. 그래서 세상은 첨단 IT와 디자인, 애니메이션을 넘나들며 수없이 변신해왔던 스티브 잡스 같은 묘한 매력을 가진 괴짜에게 열광하는 것 아니겠는가.

사회생활, 자신을 보호해주던 상아탑을 벗어나는 시기

기업 내에서, 특히 기업 내 부설 기술연구소 등에서의 공돌이의 애환은 역시나 학부시절의 그것과 별반 다름이 없다. 오히려 더 많은 이해관계자와 다양한 개성을 가진 이들과 겪어야 하는 갈등과 협상, 논쟁 속에 무방비 상태로 완전 벌거벗겨진 느낌이라고 할까. 연구개발만 하면서 대학시절부터 쌓아온 나름의 공학지식과 아이디어, 수많은 실험 경험만을 믿고 자리에 안주하고 싶어 한다. 그러나 혁신적인 아이디어와 고객 니즈Needs 기반의 신기술 제품을 개발하고자 하는 기업에서는 절대로 그들을 가만히 두지 않는다. 기업 내에는 시장을 조사하고 트렌드를 쫓는 마케팅 인력들이 있는데, 그들은 때론 고급 MBA 학위와 절대 다수의 현장 고객 경험을 바탕으로 기술개발 인력, 우리네 공돌이를 압박해온다.

"이 기술은 고객들에게 먹히지 않아요. 너무 첨단이에요. 다음에 우리가 셀링할 게 없다구요. 지금 시선을 확 끌 만한 기술은 없나요?" "이것은 생산 원가를 고려하면, 배보다 배꼽이 더 큰 기술입니다. 가격 경쟁력이 있는 기술은 안 되나요? 생산라인에 한 번 와보세요." "뜬구름 잡는 소리만 하지 마시구요. 손에 잡히는 모델이라도 보여주세요. 요즘 고객들이 얼마나 현실적이고, 똑똑한데요. 어정쩡하게 만들면 금방 들통 나고, 리콜해야 합니다."

실제 고객과 현장에 얼굴을 마주하고, 그 접점 최전방에서 고객들로부터 쓴소리, 단소리를 모두 온몸으로 받아내는 영업맨에게는 연구소 안 R&D 공돌이 인력의 제안은 언제나 헛헛하기만 하다. 그들은 같은 회사 내의 공돌이들이 하는 이야기는 언제나 따분하고, 현실감 없는, 미래 SF 영화 같다고 한다. 반면에 고급 공돌이 인력들은 밤새 논문과 최신 기술지를 파헤쳐가며 구상해낸 신기술 아이디어가 한낱 영업맨들 손에서 무시당했다고 빈정상해 한다. 그러나 기업들의 최고 경영자들은 대부분 어쩔 수 없이, 세상을 놀라게 할 만한 신기술도 좋지만, 무엇보다 고객의 요구에 부합하고, 고객의 불편을 해소해주는 기술이 우선적으로 제품에 녹아들어야 한다고 입을 모은다.

즉, 학계에서 노벨상을 노리며, 평생 실험실 안에서 있을 게 아니라면, 어쩔 수 없이 기업이라는 조직 안에서는 수익창출을 해낼 수 있는 기술을 만들어내야 한다. 그것은 혼자만의 노력으로 얻어지는 영광의 기술이 절대 아니며, 기업 내의 제품 디자이너, 마케팅 인력, 기획 인력, 개발 인력, 연구 인력, 영업 인력이 한 팀으로 뭉쳐져서 유기적으로 돌아갈 때만 겨우 성공 가능한 일이다.

신제품 개발의 핵심 위치에 있다고 해도 과언이 아닌 우리 공돌이에게는 그래서 커뮤니케이션 능력과 대인관계 능력이 무엇보다 가장 필요하다. 실험 데이터를 철저하게 분석하는 능력과 논리력으로 신기술 개발의 핵심을 파헤치는 것도 좋지만, 그것만큼이나 더욱 중요한 것이 값진 성과로 얻어낸 기술 연구의 결과물을 주변 인들의 도움을 받아 더욱 좋게 키워내는 것이다. 이것은 절대 혼자만의 독단적인 행동으로는 불가능하며, 유기적으로 주변 협력자들과 소통하고, 끊임없이 고객의 반응에 귀를 기울이는 자세를 가져야 가능하다. 기업

> 비즈니스에서 나는 찰리 멍거와 위대한 파트너십을 유지하고 있다. 나는 온전한 협력관계를 형성하고 있는 두 사람이 비록 서로 방식이 다르더라도 공통의 목적을 향해 노력할 때 무슨 일이 일어나는지를 봐왔다. -워런 버핏

안에서 공돌이는 분석적이고 계산적으로 훈련시킨 좌뇌의 효용성이 허무할 정도로, 관계적으로 모든 것들을 따져볼 수 있는(우뇌 활동의 핵심) 능력이 더욱 요구된다.

공돌이라는 숙명 때문에 해야 할 일이 많고, 필요한 능력들이 많다고 너무 실망하지는 말자. 공돌이가 변신을 하면 그래서 매력적으로 변할 수 있는 것이다. 때로는 체계적으로 완벽한 테크놀로지 배경지식을 바탕으로 유연하게 사람들과 의견을 조율하고, 협상하며, 이야기를 주도해가는, 소위 변신에 성공한 공돌이를 보면 얼마나 멋있는지 모른다. 그들은 소위 '공돌이 2.0' 버전이라는 별명을 붙여주어도 아깝지 않을 정도로 뛰어난 매력을 가지고 있다. 원래 천성적으로 수와 논리를 따지는 체계적이고 수학적인 그들의 습성 때문에 완벽한 논리를 잡고 문제의 본질에 다가설 수 있으며, 또한 그것을 말로 잘 풀어낸다면(커뮤니케이션 능력) 그야말로 호랑이의 등에 날개를 단 격이 아닐 수 없다.

지금부터라도, 전공서적만을 잡고 매달릴 것이 아니라 유연한 관계 기술과 협상 능력, 커뮤니케이션 효율성을 따지는 기술을 배워야 한다. 어차피 기업도 결국엔 최고의 자산이 사람이고, 사람들로 운영되는 조직이기에 이렇게 매력적인 공돌이는 금세 조직 안에서 주목을 받으며, 결국 보다 유리하게 조직의 관리자 또는 임원의 자리로 올라갈 수 있는 기회를 갖추게 된다.

실험실 안에서만 수십 년을 한 우물만 파는 것도, 나름 장인정신으로 의미가 있는 일이지만, 그래도 자신의 독보적인 기술을 수많은 사람들과 함께 세상을 향해 퍼트릴 수 있는 멋진 기회를 잡는 것도 참 매력적인 일 아닌가. 공돌이의 삶이 밋밋하고 매력 없다고 말하는 사람에게, 실험실 안에서 흰색 가운을 입고 두꺼운 안경을 낀 답답한 공돌이 인재의 모습을 단번에 깨뜨릴 수 있다.

어떠한가. 외모와 경력으로 절대 판단할 수 없는 할리우드 영화 속 액션 히어로처럼, 사람들의 편견을 보기 좋게 깨주고 싶지 않은가? 기업 안에서는 누구나 얼마든지 변신할 수 있는 기회가 주어진다. 자신에게 다가오는 기회를 스스로 그어놓은 한계 때문에 알아보지 못하고 넘겨버리는 그런 우를 범해서는 안 되겠다. 공돌이에게 한계란 없다. 다만 자신이 만든 벽이 높고, 두터워 보여 주저할 뿐이다. 변신, 그것만이 차세대 공돌이로 가는 길이다.

세계 최초 공돌이 종족 분석
제3의 인류? 공돌이에 대한 고찰

공돌이 외형과 습성

공돌이는 캠퍼스 안에서 그 어느 학우들보다 도서관 자리를 많이 차지하고, 후줄근한 모습으로 캠퍼스를 누비는 종족이다. 그들은 실험실 안에서, 말도 안 통하는 수많은 계측기와 PC를 붙잡고 컵라면과 김밥으로 긴 밤을 지새운다. 혼자서도 잘 놀 수 있으며, 두꺼운 전공책의 하드커버가 너덜너덜해질 때 뭔가 묘한 카타르시스를 느끼는 존재들이다. 그들은 해답 없는 난상토론보다는 숫자와 간단한 공식에 의해 떨어지는 공학문제를 푸는 것이 더욱 값어치 있다고 여기며, 추상적인 의견을 극도로 싫어한다. 어떻게 보면, 공돌이의 머릿속은 잘 구획정리된 신도시 도로구역처럼 체계적으로 사고의 흐름이 이어지고 있을지 모를 일이다. (아마도, 이 순간에 수많은 콘덴서와 반도체칩들로 반듯반듯 빼곡하게 들어선 집적회로기판을 떠올리는 공돌이가 있을 것이다.)

모든 문제의 답은 하나로 딱 떨어져야 한다고 느끼며, 다수의 변수와 함께 가능성이 포함되어 애매하게 포장된 답은 질색하는 이들이 그들이다. 주변인들은 그래서 그들과 토론하기 싫어하고, 매사 딱부러지는 그들이 왠지 기계 같고, 차갑게 보이기만 한다. 대학시절에는 바쁜 학과 일정에 짬을 내서 미팅과 소개팅을 나가면 사회 문화, 예술 등엔 문외한인지라 상대 이성에게 퇴짜를 맞기 십상이다. 말랑말랑한 신변잡기성 가십거리와 문화예술, 한창 유행인 영화, 전시회 이야기 등의 소재는 그들의 주 관심사에서 벗어나 있으며, 경제 및 사회쟁점 이슈를 화제로 들라치면, 어느새 저 뒤로 물러나 있는 게 보편적인 모습이다.

필자가 모 기업 연구소에서 R&D 연구원으로 재직할 때의 일이다. 대개의 연구소는 공대 및 자연과학대 출신 R&D 인력들로 주로 구성된 R&D 부서와 R&D 연구원들이 아무런 불편 없이 연구에만 몰입할 수 있도록 지원해주는 기획관리 부서를 가지고 있다. 이 연구소 역시 그러한 형태로 크게 2개의 부서로 나뉘어져 있었다. 각각의 부서는 물론 업무 성격에도 차이가 있지만 구성원의 출신이 달라서 그런지 업무 분위기에서 확연한 차이가 나타났다.

기획관리 부서의 인력은 대개 활동적이며, 사교적이고, 적극적으로 대인관계를 주도하며 연구원들에게 살갑게 다가서는 분위기가 강했다. R&D를 지원하는 부서라는 업무적 성격으로 인한 어쩔 수 없는 성향이라고 하지만, 실제 기획관리 부서원 사람들은 자석처럼 매우 친화력이 강하여 사람들을 하나로 뭉치게 하는 성향이 강하다.

그러나 R&D 부서의 인력을 마주하면 대개 처음 보는 이들은 적잖이 그들의 반응에 당황스러워하기 마련이다. 그들은 독립적이다. 또한 자기의 공간과 시간을 방해받는 것을 극도로 싫어하며, 앞에 나서서 사람들을 리드하고, 이야기를 주도하고, 의견을 거침없이 내뱉는 이들은 무언가 믿음직스럽지 못하다고 여긴다. 소위 그들이 칭하는 '영업맨'은 입으로만 일을 하기에, 자신들처럼 기술적 지식의 깊이와 내공이 뒷받침되지 못한 그들의 이야기는 그다지 신빙성이 없다고 생각한다.

그래서 공돌이 연구원은 중요한 순간에 침묵한다. 업무 회의를 할라치면, 주도적으로 의견을 개진하고 리스크를 무릅쓰고 한 번 시도해보고 생각하자라는 태도보다는 완벽한 시나리오, 2~3겹의 백업플랜을 구상하느라 시간을 소모하고 침묵한다. 이것은 말 한마디라도 신중에 신중을 기한다는 그들의 습성인데 사람들 앞에 나서지 않고 뒤에서 묵묵히 의견을 지지하는 것이 미덕이라고 여기는 까닭이다. 또한 그 무엇보다 손실을 두려워하고, 소수점 둘째짜리까지 따지려고 하는 점에서 보여지듯이, 완벽을 기하는 완벽주의적 성향을 띤다. 나와 같이 일하던 어떤 연구원은 창의적인 아이디어 발생 기법인, '브레인 스토밍Brain storming'을 진행할 때 무엇보다 곤욕스러워하곤 했다. 디테일하고 완벽한 아이디어가 아니면 절대 남에게 공유하지 않는다는 그에게, 자유롭게 아이디어를 끄집어내고 공유하는 '브레인 스토밍' 아이디어 회의 시간이 고역이었던 것은 어쩔 수 없는 일이었다. 더구나, 상사에게 대들지 않고 자신의 생각은 최대한 감춘다는 보수적인 조직문화가 결합이 된다면, 시키는 대로 기계처럼 일하고 창의성을 잃기 쉬운 이들이 바로 공돌이들이다.

왜 그런 것일까? 그것은 그들이 학창시절 주로 배우고 고민했던 문제나 이슈들을 살펴보면 어느 정도 알 수 있다. 그들은 소수점 이하까지 따져서 답을 이끌어내고야 마는 공학수학 과정들, 철저하게 실험 데이터를 수집하여 완벽한 논리 하에 결론을 이끌어내는 귀납법으로 사고해야 했던 실험수업들, 계산기와 프로그래밍 코드 안에서 사고를 가두는 연습만을 학창시절 내내 반복했을 것이다.

하지만 애석하게도, 지금 시대에 공돌이에게 요구하는 능력은 디테일한 능력도 좋지만, 자유롭게 사고하고, 무한하게 자연의 법칙에 도전하고, 엔지니어링 한계를 뛰어넘는 창조성과 담대함이다. 그럴진대, 변해가는 조직의 현실 속에서 어찌할 바를 모르고, 자기중심을 잃어가는 R&D 연구원들이 많이 있다. 변수가 통제된 환경에서 늘 일해왔던 그들은 급변하는 세상의 현실에서 도저히 현실감이 안 잡히고, 그에 대한 답이 없는 것처럼 느끼기 시작하는 것이다.

그러나 어떻게 보면 조직 안에서 순수한 학문적 열의와 자연 법칙을 꿰뚫어보려는 열망이 가득한 이가 바로 공돌이다. 그래서 권모술수에 능하지 않으며, 순수한 열정 하나만으로 밤을 잊어가며 연구에 몰입하고, 세계 최초의 기술을 논문에 실어내고, 또 특허를 써낸다. 지금 이렇게 눈부시게 성장한 우리나라를 이끈 주축이 과학기술과 IT라는 사실을 그 누가 부정하겠는가.

공돌이에게는 나름대로의 철학이라는 것이 있다. 장인정신이 바로 그런 것인데, 자신이 밤낮을 헤아려가며 고민한 결과로 얻어낸 산출물을 정말 자식처럼 끔찍이 여긴다. 그 애착 때문에 그들은 심지어 평생을 몸바쳐가며, 기술을 발전시키고, 또 보존해왔다. 당장 눈앞의 이득과, 계산기를 먼저 두드려서 이해타산을 따졌다면 공돌이는 오히려 역적으로 조국의 핵심 기술을 팔아먹는, 엄청난 위협적인 존재가 되었을 수도 있다. 그들의 열정과 끈기에 박수를 쳐주어야 한다. 수십 마이크로의 오차에도 온 신경을 집중하며, 기술적 한계를 극복하기 위하여 세상과 역사와 싸우는 이들이 그들이다.

공돌이의 약점

왜 일반인들은 공돌이라는 존재를 다소 특이하게 여기고, 그들을 조금은 현실과는 거리가 먼, 격리되고 고리타분한 존재라고 생각할까? 공돌이라는 인격체를 제대로 분석해보기 위하여 그들이 가지고 있는 강점과 약점을 먼저 살펴보도록 하자. 그들의 약점을 보면 크게 다음과 같다. 혹 글을 읽는 이 가운데에서도, 자신이 공돌이라면(특히 변화를 절실히 꿈꾸는 공돌이라면) 다음의 내용에서 자신의 약점을 챙겨보고, 약점을 강점으로 승화시키도록 노력해볼 일이다.

큰 그림에 약하다

직접적으로 말하면, 대개의 공돌이는 세부사항에 완전히 집착하느라 큰 흐름 또는 큰 그림을 보지 못한다. 그래서 때론 리더가 먼 곳을 향해 달려가자고 비전에 찬 손을 추켜올리며 방향을 가르칠 때, 그들은 손끝에 집중하며 손톱의 때를 물고 늘어지는 오류를 범하기도 한다. 큰 그림을 보지 못한다는 것은, 여러 가지 사실 Fact로부터 공통적인 사항들을 추스르고, 그것들을 쏟아내게 하는 하나의 거대한 줄기를 파악하지 못한다는 의미다.

상상력이 부족하면, 거대한 이야기의 흐름을 파악하는 능력이 부족하게 된다. 레고를 모으고 모아서 하나의 상상력의 결정체를 만들어내기보다, 그들은 레고 하나하나의 재질, 특성, 모양에만 집중한다. 보는 시각이 상대적으로 다소 미시적Microscopic인 것이다. 또한 그들은 꼬리에 꼬리를 무는 논리의 흐름엔 강하지만, 사실을 거대한 이야기로 포장하여, 상대방의 눈높이에 맞추는 능력이 부족하다. 그래서, 큰 그림을 그리고 거대한 로드맵을 구현하여 지금의 위치를 살펴보고자 하는 리더들에게, 공대 출신의 팀원은 가끔 자꾸만 사소한 것에 집착하며, 안으로만 파고드는 고지식한 존재로 비춰질 수 있다. 물론 때로는 미시적인 시각을 가지고 정밀하게 데이터를 분석하는 능력이 필요한 법이지만 역시나 중요한 것은 균형이 아니겠는가.

스스로 의식적이라도 큰 그림을 이해하고 그려내는 연습을 해야 할 필요가 있다. 로드맵 같은 것을 그려보는 것은 좋은 훈련 방법이다. 거창한 것 말고, 자신의 인생에 대한 중장기 로드맵을 그려보는 연습부터 시작해보자. 그러면 습관적으로 매달 월급에 집착하는 인생보다 거대한 미래 꿈의 줄기를 파악할 수 있는 기쁨을 발견할 것이다.

디테일Detail에 지나치게 집착한다

대학원의 연구실이나 기업의 연구소 등에서 시스템을 구현하는 프로젝트를 수행할 때 어김없이 발생하는 일이 있다. 전체 팀이 구현하기로 했던 하나의 거대한 시스템은 분명 여러 개의 부분 모듈로 나뉘어지는데, 팀원이 나누어 맡아서 개발해온 모듈을 한데 합치면 어김없이 전체 시스템의 성능이 어그러지고 마는 것이다. 최고의 팀원이 모여서 하나의 팀을 구성했다고 하더라도, 부분의 합이 전체를 이루어내는 멋진 결과를 절대 이루어내지 못한다. 반드시 어느 한 부분이 어그러지며 에러가 발생하기 마련이다.

각 팀원들이 맡은 자신의 모듈을 완벽히 설계해 스펙에 맞추고, 최고의 성능을 자랑하는 부분으로 만들었다 하더라도, 남의 것과 결합되는 순간 서로에게 짐이 되기 시작하고, 부분의 장점을 깎아 먹는 거대한 사고뭉치로 서서히 바뀌어가기 시작한다. 이것은 시스템 전체의 큰 목표를 바라보지 못하는 그들의 약점 때문이기도 하다. 따라서, 이러한 공돌이들과 함께 일할 때는 항상 일의 방향성과 목표를 알려주는 누군가가 필요하다. 공돌이의 습성상(장인정신), 하나의 디테일에 집착하여 끊임없이 그것을 물고 늘어지는 특성 자체가 이러한 큰 목표를 이루는 데에 오히려 방해가 되기 때문이다.

그래서 공돌이들과 함께하는 리더들은 적절하게 그들의 디테일한 능력을 컨트롤할 줄 알아야 한다. 성공적인 프로젝트 결과의 대부분은 완벽하게 부분이 조화되고(성능과 외형이), 하나처럼 결합되어서 보다 나은 시스템으로 보여지는 것이다. 즉 전체의 모습이 요구되어지는 성능과 특성에 맞도록 좋아야한다는 것이다. 아무리 세계 최고의 디테일을 가지더라도, 그것이 전체와 한 목소리를 나타내는 데 방해가 된다면 없느니만 못 하다.

공돌이는 언제나 자신이 어디로 향하는지 늘 염두에 두고 있어야 한다. 일에서도, 인생에서도. 정작 자신이 도달해야 하는 목표가 어딘지를 늘 거시적인 관점에서 챙기고, 그에 필요한 디테일을 챙기는 습관을 가져야 한다. 절대 디테일의 끝이 최고의 이상향과 닿아 있지 않다는 것을 명심하라. 역시 조화가 무엇보다 중요한 법이다.

현실감각이 떨어지고 경제에 약하다

학창시절 내내 공돌이의 곁을 떠나지 않는 과목은 바로 수학이다. 공대에 입학하는 순간부터 그들은, 선형대수, 확률, 공학수학, 수치해석 등의 전공과목들을 대하기 시작한다. 어느 순간부터는 사람보다 A4 리포트지 안에서 숫자를 대하고 있는 시간이 더 많아진다. 심지어 2시간 남짓 걸리는 시험시간에는 고작 식 서너 개를 증명하는 것이 전부다. 그 식을 증명하기 위해, 온갖 기억력과 논리, 추측을 발휘하여 정해진 시간 안에 자신이 알고 있는 모든 수를 종이에 쏟아부어야 한다. 수치해석과 같은 시험시간은 마치 긴장이 감도는 전장처럼 전운이 감돈다. 그들은 2시간 안에 모든 문제를 증명해내야 하며, 시험시작의 신호와 더불어 기계처럼 공학용 계산기를 두드린다. 우스갯소리로 공돌이는 일반 전자계산기를 '쌀집 계산기'라고 부르며, 자신들의 복잡한 버튼이 가득한

계산기를 자랑처럼 꺼내서 그래프를 그리거나 혹자는 그것으로 프로그래밍을 짜기도 한다.

 실제 이렇게 수를 접하는 기회가 많은 공돌이의 경험과 노하우를 살리고자, 어느 금융회사는 애초에 신입사원 전부를 자연과학대/공학계열 출신으로 뽑기도 했다. 복잡한 확률로 구성된 여러 금융상품을 개발하는 데에는, 재무회계 관련 전공 출신보다 오히려 복잡한 수리에 능한 공학계열 출신 인력이 더욱 뛰어나다는 경영진의 판단에서였다. 그러나 실제로 필자가 만나본 대개의 공돌이는 의외로 수에 대한 감각이 현실과 맞물려서 돌아가는 경제적인 감각이 어두웠다. 학부에서 그들이 풀어내고 마주쳤던 수많은 숫자와 공식은 말 그대로 공식에 불과하며, 정작 그 숫자들의 조합이 무엇을 나타내고자 하는지를 깊이 생각해보지 않았던 까닭이다.

 그럼에도 불구하고 수와 친밀한 공돌이가 평소에 가장 유용하게 자신의 능력을 활용할 수 있는 부분이 재무Finance 및 회계Accounting이다. 현실감각을 갖추고, 수를 파악하는 능력을 바탕으로 돈의 흐름을 파악하면 그들은 새로운 시각을 갖출 수 있다. 그들의 장기는 바로 그래프를 분석하고, 수많은 수리 데이터로부터 하나의 결론을 이끌어내는 것 아닌가.

 생각과 방향 없이 수를 노려보지 말고, 그 안에 숨겨진 뜻을 발견해보는 연습을 하자. 현실을 나타내는 수를 다루는 지식분야인 재무 및 회계는 단지 경영대생의 전유물이 아니다. 그들의 영역이라고 치부해버리고, 자신과는 거리가 멀다고 밀쳐내어서는 안 된다. 과감히 경제감각을 갖춘 공돌이로 거듭나야 한다. 그러면 수익과 매출이 관계된 업무분야에서, 자본주의 시대를 살고 있는 일상생활에서 현실을 날카롭게 파악하는 감각을 갖출 수 있다. 거기서 한 단계 나아가 변화하면, 심지어 자신의 재무상황을 진단하고 개선할 수 있는 해결책까지 이끌어낼 수 있는 단계에 이를 수 있는 것이다.

그들은 좌뇌 전용 사용자?

인간의 대뇌가 좌뇌와 우뇌로 나뉘어서 크게 두 가지 서로 다른 역할을 담당한다는 것은 익히 알려진 예다. 좌뇌는 대개 이성적 논리적 사고, 분석, 추리, 계산 등의 부분을 담당하는 데 여성보다는 남성이 더욱 발달한 것으로 알려져 있다. 반대로, 우뇌는 인간의 감성과 예측, 감각, 언어사용 능력과 관계된 역할을 담당하는 곳이다. 남성보다는 여성이 우뇌를 더욱 적극 활용한다는 연구보고가 있고, 실제 주위를 둘러보면 확실히 여성이 감성, 언어 및 의사소통 능력이 뛰어난 것으로 보인다. 흔히 말하는 여자의 '육감'이라는 것도, 바로 본능적으로 우뇌를 적극 활용하는 그들의 기묘한 장점이 아닐까.

그러나 우리가 말하는 공돌이는 실제 우뇌 사용자라기보다는 좌뇌를 극도로 사용하는 사람이라고 보는 것이 맞겠다. 그들은 후천적으로 자연계열 고등학교를 거치고, 공학계열로 들어서면서부터 좌뇌 사용량을 급격하게 올리기 시작한다. 공대 3학년쯤 되어서 중간고사나 기말고사를 한 번 보게 되면, 이들은 자신의 좌뇌의 부하가 거의 끝에 도달함을 느끼지 않던가. 그들은 전혀 평소에 우뇌를 사용할 여지를 남겨두지 않는 것 같다.

나 또한, 학창시절 또는 연구원일 때를 스스로를 돌이켜보면, 참으로 삭막한 삶을 누렸었다는 생각을 한다. 우뇌에 자극을 주고, 마음에 감동을 주는 어떠한 심미적 자극이나 감동의 기회를 전혀 가질 수 없었고, 늘 차가운 실험실에서 금속성의 기계와 연장, 도구와 모니터를 끊임없이 바라보며 숫자와 씨름하고 데이터와 이야기를 나누곤 했다. 이러한 현상이 심해지면, 더욱이 인간적인 매력이 서서히 사라지기에 수많은 여인, 남정네들이 자신의 짝이 공돌이임을 알고서는, 머지않아 등을 돌리고 마는 불상사가 일어나는 것이 아닐까.

삶은 숫자가 아니고, 결국엔 가슴과 가슴을 가진 이들이 만나서, 소통하며 감정을 나누는 시간의 연속이기에 딱 떨어지는 답이 없는 법이다. 좌뇌의 속성상, 정확한 답과 논리, 치밀한 계산과 무손실을 추구하는 공돌이의 습성에서는 가끔 예상을 빗나가는 현실이 맘에 들 리 없다. 더욱 심각한 것은 그들이 자신이 삭막한 상아탑에 갇혀서 가슴팍이 메말라간다는 것을 모르는 것이다.

그들의 삶 속에는 이제 감동이 필요하다. 논문과 특허, 수많은 데이터로 점철된 그곳에서 가끔은 나와서 그들의 마음을 말랑말랑하게 해줘야 한다. 우뇌를 자극해야 하는 것이다. 가끔은 고개를 들어 하늘을 보고, 발끝에 차이는 낙엽을 느끼고, 내리는 빗소리에 귀를 기울이자. 부끄러운 일이 아니다. 오히려 인간적인 일이다. 공돌이의 가장 큰 약점인 냉정한 가슴과 논리를 포기하라. 우뇌를 자극하여 가슴을 넓게 열고, 사람 사는 냄새를 맡으며 감동을 느끼며 살아라.

타협과 협상 능력 부재

"토론과 논쟁이 싫어요. 그냥 그들이 우기는 대로 따라가도록 하죠 뭐. 골치 아프게 내 의견을 주장해서 뭐합니까?"

열띤 토론과 대화의 장에서 침묵하는 우리 공돌이들의 안타까운 변명이다. 토론과 상호 의견조율을 통해 제3의 대안을 찾아간다는 의사소통 방식이 그들에게는 매우 지루한 과정일지도 모르겠다.

공돌이는 결론에 있어 '된다' 또는 '안 된다'의 결과만을 고려하는 존재임을 기억하라. 자신이 세운 완벽한 논리가 다른 이들에게 흡수되어 제3의 대안으로 태어나는 과정을 지켜보는 것은 공돌이에게 처음부터 용납되지 않는 사항일지도 모른다. 그만큼 공돌이는 자기 긍지와 자존심이 강하다. 따라서, 자기만의 철학과 신념을 가지고 한 우물을 파는 일이 가능하다. 수십 년간 한 분야에서 몰두한 결과, 나라를 발전시키는 기술을 개척한 것도 바로 이러한 공돌이의 끈질긴 신념 덕분이 아니겠는가.

대개 공대 출신의 사람들과 대화를 하다보면, 재미있는 현상을 발견할 수 있다. 서로 간의 이야기 주제를 넘나들다가, 자신의 주특기 영역이 나타나면 1시간이고 2시간이고 본격적으로 이야기보따리를 풀어놓을 준비를 갖추는 것이다. 어설픈 이론으로 그들의 생각을 비판했다가는 무안을 당할 수도 있으니 조심하라.

자신의 독보적인 기술분야에 있어 공돌이는 놀라울 정도로 집착과 애정을 보이며, 타인의 견해가 들어설 여지를 추호도 남기지 않는다. 이러한 일들은 주로 연구소에서, R&D 개발인력과 상품 디자이너 간의 제품 디자인 회의를 진행할 때 일어나는데, 가히 타협과 논의 진전이 보이지 않는 경우가 다반사이다. 공돌이와의 토론속에서는 마치 협상의 여지가 없는 것처럼 보인다. 전혀 양보할 기미가 없이 그들은 자신의 신기술이 이번 제품에 녹아들어서 그대로 살아나길 바라고, 또 그렇게 되어야 한다고 생각한다. 하지만 고객과의 접점에서 고객이 바라는 이미지를 디자인하는 제품 디자이너의 입장에서는 신기술만 강조하다가는 괴물 같은 제품이 탄생할 것이 분명하기에, 어느 정도 현실감이 있는 대안으로 나아가길 주장한다. 이 두 부서 간의 의견이 정말 나란하게 평행선을 그을 때 접점을 마련하는 것은 깨어 있는 리더 또는 솜씨 좋은 협상가의 능력뿐이다.

협상의 주된 목적은 커다란 대의를 향해서, 양자가 Win-Win

할 수 있는 하나의 대안에 양쪽 모두가 합의한다는 것을 의미한다. 한쪽의 의견에 굴복당하고, 굴복시키는 것은 절대 협상이 아니다. 그것은 언제나 논쟁과 불화의 불씨를 남겨둘 뿐이다. 고집이 센 공돌이의 특질은 때론 이렇게 사람들의 오해를 사고, 불편하게 만드는 원인이 되기도 한다. 그들이 물론 자신의 지식을 주장함은, 무엇보다 이전엔 없었던 혁신적인 제품을 만들고 싶은 발명가 정신에서(자신이 속한 조직 또는 기업이 더 많은 수익을 바라는 대의는 같다) 나온 것은 충분히 이해하고 남음이 있다. 하지만, 언제나 자신의 의견만이 옳다고 독선적으로 조직 안에서 주장할 수는 없는바, 과감히 마음을 열고 의견을 나누는, 또 때론 파격적으로 제3의 대안을 위해 자신의 주장을 미루는 그런 아량을 갖추어야 한다.

공돌이의 강점

공돌이의 약점, 단점만을 이야기하다 보니, 공돌이들은 마치 상아탑에서 튀어나온 외계 생명체처럼 느껴지고, 조직에서 방해꾼 같은 존재로만 보여지는 것 같다. 하지만, 공돌이는 조직 안에서 정말 필수불가결한 존재이며, 한 단계 더 높은 발전을 위해서 꼭 필요한 인물들이다. 또한 그들이 적재적소에서 자신의 개성과 장점을 드러내며 조화롭게 활동한다면 그 조직은 성공으로 가는 날개를 얻기도 한다. 앞서 잠시 언급했듯이, 우리의 대한민국이 이렇게 세계 경제 대국들과 어깨를 나란히 할 수 있을 정도로 부유해지고, 과거 원조를 받던 나라에서 이제 원조를 베푸는 나라로 탈바꿈할 수 있을 정도로 국가 경제력이 향상된 것은 수백만 공돌이의 공이 혁혁하다. 그들이 가지고 있는 장점과 매력을 아래에서 살펴보자.

순수한 열정, 대충대충은 없다

무엇보다 공돌이의 장점으로 손꼽을 수 있는 것은 바로 '열정'이 아닐까 싶다. 그들 개개인의 열정, 특히 자신의 연구분야에 대한 열정만큼은 정말 순수 그 자체이며 뜨겁다. 그러기에, 누가 시키지 않아도 밤새 연구실의 불을 밝히고 연구에 매진할 수 있다. 자신이 발을 담그고 있는 '진리'에 대한 열정이 강하다.

필자가 학창시절에 만났던 대학원 연구실의 공대 학우들은 모두가 자신의 연구분야에 미쳐 있는 사람들 같았다. 그들에게는 돈보다는 자신이 좋아하는 이 분야에서 비전을 보았고, 이 기술이 세계최초라는 것에 희열을 느끼곤 했다. 비록 캠퍼스 안에서 허름하게 옷을 입고 돌아다니지만, 그들의 머릿속은 가히 최첨단을 달리고 있었고, 시선은 때론 흐릿하게 보이지만, 최신 연구분야를 논할 때는 눈빛이 갑자기 바뀌며 초롱초롱 빛나기도 했다. 적어도 그들의 관심을 완전히 사로잡을 수 있는 것은, 연구분야와 관련된 주제뿐이었다. 그 누구도 접근하지 못했던 어떠한 영역에 접근하여, 그 현상의 진리를 파헤치고 그것으로부터 기술의 진전을 이끌어내려는 그들의 노력은 가히 박수받을 만하다. 적어도 자신의 이름을 걸고, 연구하는 그 길에서는 타협 또는 대충대충이라는 것은 없고, 진리탐구와 열정 하나로 실험기기와 수많은 데이터와 손꼽아 헤아리기 어려운 밤들을 새며 매진한다. 외부에서 보면 바보처럼 보이는 이 열정이 그들이 가지는 또다른 매력이기도 하다.

  대학원 연구생 시절, 정말 끈기와 열정 하나만큼은 남에게 뒤지지 않는 대단한 선배가 있었는데, 이 선배가 학교에만 있다가 연애를 시작하니, 그 연구에 대한 열정이 오롯이 그 연애의 대상이었던 여자친구에게 옮겨갔다. 당시 선배와 함께 동고동락했던 연구실은 서울에서 차로 3시간 이상 떨어진 지방에 위치해 있었는데, 선배는 여자친구를 만나기 위해 밤낮을 가리지 않고 차를 이끌고 서울과 지방 연구실을 왕복하는 장거리 연애를 매일같이 계속했다. 정말, 열정 하나만큼은 위대했기에 결국 그 선배는 여자친구와 결혼하여 행복한 가정을 꾸리고 있다.

  바보같지만 순수하리만큼 뜨거운 열정은 가히 공돌이가 가지고 있는, 그들은 혹 모르고 있을 수도 있는 위대한 장점인지도 모른다. 그 열정으로 모든 것을 세심하게 접근하고, 사물을 대충대충 보아 넘기지 않는 냉철한 시선은, 오랜 시간 숨겨져 왔던 현상의 모순을 발견해내는 근원이 된다.

　공돌이는 세상을 가장 미시적으로 바라보고, 사물의 이치를 파악해내려는 사람들이다. 그리고 그것을 가지고 세상에 겨자씨만큼이라도 조그만 진전을 이끌어내고자 밤을 지새운다. 전국 방방곡곡의 연구현장에서 오늘 밤에도 쉬이 잠들지 않고 불을 켜놓고 밤을 지새우는 그들이 있기에, 조그마한 땅덩어리 대한민국을 부강하게 만드는 과학기술의 미래는 오늘도 조금씩 전진하고 있는 것이다.

끈기와 목표 쟁취의식으로 목숨 걸고 하는 실험

　흔히 공돌이들이 하는 일을 보며 '노가다'라고도 부르기도 한다. 겉보기에는 전혀 지식기반인 것 같지도 않고, 생산적이지도 않다는 것이다. 밤을 새어가며, 그저 차가운 계측기의 버튼 몇 개를 누르면서 컴퓨터 앞에서 데이터만 수집하고, 수없이 납땜만을 계속하며 튜닝을 하기도 하고, 일회성 실험 케이스 하나를 만들기 위해서, 재료를 사다 모으고 실험장비를 구성하고 있다는 것이다. 물론 대개의 R&D 인력들이 수행하는 실험은 학교, 연구소 연구실, 대기업 연구소 등 어디에서나 마찬가지임은 분명하다. 하나의 의미 있는 데이터를 추출하기 위해서, 그들은 수많은 시간을 투자하고, 실패하면 또다시 정성과 노력을 쏟아부어 다시 원하는 데이터를 얻기 위한 기반 작업을 수행한다.

이 모든 과정은, '끈기와 인내'라는 인간이 보여주기 가장 어려운 덕목과 강렬한 '목표 의식'이 없이는 불가능하다. 공돌이는 아마도 대학시절 내내, 이러한 덕목을 누구보다 절실히 느끼고 체험하며 지낼 것이다. 졸업하고, 새로운 위치에 가서도 그들이 계속해서 같은 분야의 길에 있다면, 끈기와 목표의식 없이는 매순간 조직생활이 괴로울지도 모른다. 그만큼 그들은 훈련된 끈기와 강한 목표의식이 자연스럽게 체화되어 있는 존재들이다. 짐 콜린스의 유명한 저서 『좋은 기업을 넘어 위대한 기업으로Good to Great』을 보면 성공한 기업의 CEO들에게 나타나는 중요한 특질이 강렬한 목표의식과 끈기라고 한다. 아마도 리더라는 자리에 올라섰을 때 가장 중요한 덕목을 미리 갖추고 삶 속에서 연습하는 이들이 바로 공돌이가 아닐까 싶다. 그만큼 그들은 자신의 분야에서 성공이라는 열매를 얻을 수 있는 '끈기'와 '인내'라는 귀중한 무기를 가졌다고 할 수 있겠다.

지금 이 순간에도, 수천 미터 상공에서, 또는 수백 미터 지하에서, 또는 수천 볼트의 전압이 흐르는 산업 현장에서, 그리고 연구 현장에서 '인류에게 이익을 가져다주는 거대한 기술의 진보'라는 대의를 두고서 땀을 흘리는 수백만 공돌이가 있다. 우리가 편하게 쓰고 있는 작은 전자제품, 기계제품 하나에도, 정말 수많은 R&D 인력이 목숨을 걸고 실험을 하기도 한다. 무엇이 그들로 하여금 이토록 눈에 보이지 않는 자연의 진리를 찾고 그것을 응용하도록 매진하게 하는가. 목표를 향해 끊임없이 달리는 그들에게는 탁월한 목표 성취의식이라는 매력이 있다. 3D 산업이다, 하향산업이다고 해서 일반인은 그들의 산출물을 이용하는 입장에서 쉽게 공돌이들을 저평가하여 이야기하지만, 음지에서 무던히도 노력했던 그들의 수고와 열정은 잊지 말아야 한다.

발동하는 호기심

어렸을 적에 누구나 한 번은 아이큐 테스트를 받아본 적이 있을 것이다. 또는, 업무적성을 테스트한다는 목적으로, 웬만한 대기업 회사에 입사할 때 필수적으로 보는 업무적성 검사를 본 적이 있을 것이다. 테스트를 보다보면 빠지지 않는 항목이 하나 있다. '어렸을 적에 무엇인가를 분해하고, 만지작거리며 조립하는 것을 좋아했다?' 라는 문항이 그것이다. 대개 공대 출신들은 자신의 현재 포지션에 맞추어서, 자연스럽게 이 항목에 주저없이 체크하곤 한다. 이것은 바로 사물에 대한 강한 호기심을 가지고 있는 특성이 있는가를 알아보는 항목인데, 공돌이에게는 이 특질이 잘 나타난다.

하루하루 기술이 날로 급변하는 이 시대에 분야를 막론하고 더욱 중요해지고 필수적인 덕목으로 자리잡는 것이 있다면 바로 창의성이라 할 수 있다. 주위를 둘러보면 이미 세상에는 나올 만한 기술은 모두 다 나온 것 같다. 도저히 자신의 아이디어가 자리 잡을 틈이 없을 것만 같다. 하지만 여전히 우리에겐 끊임없는 혁신과 개선이 요구되고 있고, 그것을 견인하는 공돌이에게 강렬한 호기심을 바탕으로 하는 창의성은 핵심적인 무기가 될 것이다. 공돌이치고 라디오나 전자제품을 분해 한 번 안 해본 이들이 없다. 그들은 그저 그 내부가 궁금해서 모두 발기발기 분해해버렸다고 한다. 부모들한테 꽤나 미움을 샀을 법한 유년시절의 에피소드 한두 개는 모두 가지고 있는 셈이다. 이 호기심은 공돌이에게 가장 소중한 자산이자 선물인데, 이 호기심 하나 덕분에 세상에 공돌이 출신 천재 CEO가 나오기도 한다.

한 시대를 풍미했던 걸출한 천재 스티브 잡스는, 그저 사용자와 친한 컴퓨터를 만들고 싶다는 호기심 하나를 믿고 컴퓨터 발전 역사상 거대한 작품인 매킨토시를 개발해냈다. 또한 그의 멈추지 않는 호기심은, 컴퓨터라는 박스를 벗어나 컴퓨터 애니메이션으로, 세상 모든 이가 갖고 싶어하는 멀티미디어 기기 아이팟iPod으로, 본체가 모니터 안으로 흡수된 PC인 애플로 이어졌다. 그리고 모바일폰의 트렌드를 한 번에 뒤집어놓은 아이폰iPhone을 세상에 내놓았다. 태평양 건너 거대한 대륙에 살고 있는 단 한 명의 천재가 호기심 하나로 전세계 인류의 마음을 사로잡았고, 그 호기심을

> 평소 꼭 있어야 한다고 생각하는 제품이나 서비스가 있다면 누가 뭐라든 그 제품을 만들어라. 트위터의 시작도 그랬다.–에반 윌리엄스

가다듬을 때마다 역사가 새로 씌워졌던 것이다.

그가 전자공학을 전공했던 공대 출신임을 기억하라. 물론 그도 중간에 자신의 꿈과 비전에 비해 너무도 작은 공대를 중퇴하고, 창고 안으로 들어가서 세상을 놀라게 할 작품을 만들었다. 그에겐 호기심, 열정과 끈기, 강렬한 목표의식이 모두 있었다. 이것이 어찌 대한민국을 살아가는 젊은 수백만 공돌이에게 단지 신화 같은 일이랴. 마음속에 품고 있는 꿈과 호기심을 믿어라. 세상을 다르게 보는 시선과 독특한 승부욕, 그것이 성공으로 삶을 안내해줄 수 있다.

오차와의 승부, 꼼꼼함과 세심함

앞서 공돌이의 단점으로 '소심'한 면을 예로 들었다. 하지만 이것을 장점으로 바라본다면 그들은 매우 '세심'한 존재들이라고 말할 수 있다. 꽤 날카로운 눈썰미로 무엇인가를 만들고 다듬기 좋아하는 그들에게는 이 세심함이 바로 장인정신으로 연결되며, 그들에게 작품을 만들어내는 또다른 원동력이 된다. 이해를 돕기 위해, 공돌이의 세심함이 어느 정도인가를 짐작할 수 있는 에피소드를 하나 들려주고자 한다.

과거 대학원 연구실에서 밤새워 실험에 열중하다 일어났던 일화이다. 필자는 당시 아주 소형화된 크기의 전자회로 기판을 디자인하여, 그 위에 수많은 고가의 칩들을 올려놓는 수작업을 하고 있었다. 설계한 회로기판은 인공위성 탑재용 레이더에 들어가는 핵심 부품으로서, 크기가 내 손가락 두 마디를 합쳐놓은 것에 불과했다. 그 위에 직접 손수 현미경을 올려놓고 두 눈을 부릅뜨고 반도체칩을 직접 핀셋으로 집어 올려놓으며 납땜을 했다. 설명을 조금 구체적으로 하자면, 반도체칩들 간에는 수백 마이크로 단위의 간격이 있었는데, 그 거리를 약 17마이크로 두께의 금속실로 연결하는 작업을 했었다.

  이미 감이 오는 공돌이들도 있겠지만, 이것을 공돌이 세계에서는 '와이어 본딩Wire-bonding'이라고 부른다. 맨눈으로는 도저히 작업하지 못하는 세심한 작업이므로, 수백 배로 확대한 전자 현미경으로 그 연결 작업을 수행해야 했다. 이것은 엄청난 집중력과 꼼꼼함을 요구하는 작업이다.

  한국인의 손재주가 뛰어남은 바로 여기서 여실히 드러난다. 맨눈으로 보기에도 17마이크로 두께의 금속실은 평균 100마이크로의 머리카락 두께보다도 얇다. 이것을 오로지 손가락 간에만 의지하여, 와이어 본딩기의 바늘귀에 금속실을 꽂아넣는다. 그리고 현미경으로 바늘 끝을 확대해서 보면서, 한쪽 반도체칩에서 다른 반도체칩으로 금속 실선이 연결된 본딩기 바늘을 서서히 움직이며 양 칩을 실선으로 연결한다. 결국 두 반도체칩은 17마이크로 금속 실선을 타고 전류가 흐르는 모양이 되는 것이다. 금속실선보다 두꺼운 먼지 티끌 하나가 회로 위에 떨어지면 불량이 발생할까 당시 클린룸(반도체 등의 칩을 다룰 때 외부로부터 먼지 등이 유입되지 않도록 공기 흐름이 완벽히 차단되고, 항온항습으로 유지되는 실험실)에서 갇힌 채로 작업을 했는데, 꼬박 12시간을 그 안에서 보냈다. 중간에 나와서 밥을 먹는 시간을 빼고는 오롯이 그 안에서 본딩기 작업에 매달렸다. 나는 초보라 시간이 그렇게 오래 걸렸지만, 경험이 많은 베테랑 박사과정 학생들은 단 한두 시간 만에 마무리를 하고 나왔다. 경험과 연륜에서 나오는 숙련된 감각의 차이다. 몇 마이크로 단위로 벌어지는 오차가 발생하더라도, 전자회로는 크게 오동작을 일으키곤 했다. 그러다 보니 연구실 공돌이들이 모여서 나누는 대화의 단위 자체가 일반인과는 다른 마이크로 수준까지 내려간다. 솔직히 공돌이가 아닌 이상, 일반인은 몇 밀리미터라는 단위조차 신발 살 때 빼고는 안 하지 않는가.

공돌이는 마치 다른 세계를 보고 있는 것처럼 대화를 하곤 했고, 그런 작업들로 다듬어진 그들의 꼼꼼하고 세심한 성격은 이루 말할 수 없으리라 짐작된다. 나는 그래서 요즘 세상의 주목을 받고 있는 아이폰 등과 같은 소형의 전자제품 등을 볼 때마다 그 뒤에서 수백 일을 밤을 새고, 휴대전화 내부의 전자회로에 목숨을 걸고, 눈이 빠져라 설계작업에 고생했을 엔지니어의 노고가 어쩔 수 없이 떠오른다. 그들이야말로, 뒤에서 묵묵히 세상에 변화와 혁신을 가져오는 숨은 공로자들이 아닌가. 세상은 언제나 화려한 첨단기술 앞에 서서 웃고 있는 CEO들만을 칭송하고 기리지만, 때로는 그 뒤에 숨은 이들도 주목할 일이다. 수백만 공돌이 엔지니어들이여, 그대들이 세상을 소리 없이 바꾸는 주인공임을 알고 언제나 긍지를 가져라!

나는 맥가이버, 뛰어난 손재주

공돌이 출신치고, 연장 하나 다루어보지 않은 이들이 있을까. 공돌이에게는 컴퓨터와 공학용 계산기와 함께 따라다니는 것이 바로 '연장'이다. 우스갯소리로, 내가 대학시절에는, 학과의 이미지를 떠올려서 매 봄마다 과축제의 이름을 붙였는데, 전자공학과의 과축제명은 전자공학과 공돌이들이 밤새도록 잡고 있는 납땜기기 연장인 '인두'를 따라서, '인두제'였고, 기계공학과 학우들의 과축제명은 '걸레제'였다. 아마도 기계를 매일 걸레로 닦고 조이는 그들의 모습에서 이미지를 따와서 그렇게 이름을 붙였던 것 같다.

그만큼 공돌이에게는 부차적으로 그들이 다루는 '연장'의 이미지가 따라다니는 건 어쩔 수 없다. 또, 그 이미지만큼이나 그들은 웬만한 가전제품은 뚝딱뚝딱 고쳐내고, 자급자족의 정신으로 집안에서 필요한 간단한 기기들은 직접 만들어내곤 한다. 무선공학을 전공한 이들은 실험실에서 자기 휴대전화를 뜯어서 계측기를 가져다가 성능 평가를 해보고 때론 튜닝한 적도 있을 것이다. 기계과를 졸업한 학생은 기본 자동차 정비쯤은 부품을 사가다가 웬만큼은 쉬이 할 수 있을 것이다. 그만큼 그들은 기계, 연장들과 무척 친하다. 결혼해서 형광등 하나 못 간다고 아내에게 구박을 들을 염려는 절대 없다.

얼마 전 모 TV 프로그램에서 자취생활의 달인을 재미있게 소개한 적이 있었는데, 그 달인은 아니나 다를까 공대 출신으로 자취 생활에 필요한 물품을 자급자족하고 있었다. 추운 겨울날 자취방에서 온수물이 끊기는 일이 다반사이거늘, 이 달인은 집에서 쓰는 다리미와 호수를 이어서, 보일러를 고안해냈다. 그리고 그것으로 물을 데워 다리미에 연결된 호스로 뜨거운 물이 콸콸 쏟아지는 도구도 개발해내서 쓰고 있었다. 어떤가? 이쯤 되면 조금은 구차하게 보인다고 하더라도, 꽤 괜찮은 맥가이버 아닌가? 위기 상황에서 주변의 모든 사물을 관찰하고 있다가 기막힌 과학적인 원리를 적용하여 위험을 탈출하곤 했던 드라마 속 '맥가이버', 그들이 바로 공돌이다.

모 결혼정보회사에서 실시한 조사에 따르면 남자 배우자 직업 선호도 중 공대 출신 연구원이 가장 하위층에 속했다고 한다. 그래도 생활력 강하고, 반짝이는 아이디어가 남다른 공돌이야말로 멋진 매력을 가진 사람이 아닐까. 우리나라는 예전부터 도구를 다루는 이들을 천하게 여기고, 업신여기곤 했던 인권 차별적인 관습이 뿌리 깊게 남아 있어서, 지금도 제조업 종사자들을 무시하곤 한다. 하지만 공돌이는 자신이 남들에게 무식하게 여겨진다고 괜스레 기죽을 필요 없다. 오히려 긍지를 잃지 말고 자신의 장점을 더욱 기특히 여겨 그 능력을 키워나가야 한다.

반나절이면 마음먹고 뚝딱뚝딱 연장을 놀려서 괜찮은 목재 식탁도 만들어낼 수도 있고, 서비스센터로 가기 전에 가전제품도 고칠 수 있다. 형광등이나 수도꼭지를 갈지 못해서, 옆집 남자를 불러서 자기 집 좀 손봐달라는 요샛말로 '굴욕'과 같은 일을 겪지 않고, 자신이 '도구를 잘 사용하는 인간'이라는 사실을 유감없이 보여줄 수 있다는 것은 꽤 매력적인 일이다. 오늘도 현장에서 끊임없이 닦고 조이고 기름 치고 수없이 부서져가며, 세상을 놀라게 하기 위한 새로운 제품과 기술을 개발하기 위해 노력하는 수백만 공돌이여, 파이팅!

근사한 과학자가 되고 싶었어요
동경과 현실 사이의 괴리감

 필자는 전자공학을 전공하였다. 어느 날 우연히 예전의 추억을 곱씹으며, 고등학교 때 학창시절 생활기록부를 볼 일이 있었는데, 흐뭇하게 웃으면서 기록부를 읽어내려가다가 '장래희망' 란을 보고 깜짝 놀라고 말았다. 3년 내내 장래희망에다가 '전자공학자' 라고 꿈을 적어놓았던 것이다. 순수했던 고등학교 3년 동안 꿈이 전자공학자였다면, 지금 그 꿈을 이루어가고 있으니, 당연히 축복받은 일이라 생각하고 신나고 행복하게 해야 하는 게 아닌가라는 생각이 들었다. 당시 힘든 공돌이 생활에 꽤 지치고, 매너리즘에 빠져 있었는지는 몰라도, '내가 어렸을 때는 참 생각 없이 순수했었구나' 라고 생각하며 피식 웃고 넘어갔더랬다.

우스갯소리로, '기술을 배우면 언제라도 굶어죽지는 않는다' 라는 이야기가 있다. 그래서 그런지, 왠지 어렸을 때는 돈을 벌기 위해서는 과학자나 공학자나 되어야 한다고 생각했고, 그 꿈의 이미지는 언제나 미국항공우주국NASA과 같은 첨단 연구실에서 으리으리한 신기술을 연구하는 모습이었던 것 같다. 대부분의 공돌이도, 처음 공돌이라는 운명의 길을 선택하면서 그러한 조금은 화려하고 주목받는 미래를 떠올리는 것 같다. 물론 공돌이의 미래가 어둡다는 이야기는 절대 아니다.

필자의 요지는, 공돌이의 길은 마치 윤오영 님이 쓰신 수필 「방망이 깎던 노인」에서 외로이 한 우물을 파는 주인공의 그것과 같다고 할 수 있다. 그래서 더욱 자신의 연구분야와 걸어온 길에 대한 확신이 있어야 하고, 또한 긍지를 가지고 있어야 한다.

이 글을 읽는 독자 중 공대 출신인 분들은 대개 어렸을 때의 꿈이 '과학자'였을 것이다. 무언가 프로페셔널해보이고(지적 노동을 주로 하니 몸도 조금은 편해 보이는), 외부의 존경을 한 몸에 받을 것 같고, 성취감이 대단할 것 같은 이미지가 '과학자'라는 단어 안에 있었을 것이다. 많은 사람들이 동의하겠지만 이 길은 꽤 본인의 인내와 노력이 많이 드는 길이며 또한 그만큼 훗날의 성취감도 무척 큰 길이기도 하다. 본인의 인내를 위한 시간이 꽤 많이 투자되고 시간이 갈수록 외길에서의 명성 또한 높아질 수 있기 때문에, 국내의 수많은 공대 교수님의 자부심이 꽤 높으신 것도 사실인 것 같다.

훗날 자식들이 성장하여, 무엇이 되고 싶냐고 물었을 때, "하얀 가운을 멋지게 입은 과학자가 되고 싶어요!"라고 말한다면, 어떻게 대답해주어야 할까? 그 길은 소위 우리가 이야기하는 '노가다' (물론 자식에게 이렇게 저렴한 표현은 쓸 수 없지만)성 일이 가득한 길이기 때문에 어서 만류하고, 잘나가는 펀드 매니저나 치과 의사가 되라고 해야 할까?

필자 또한 어렸을 때, 부모님으로부터 판검사, 의사가 되면 좋겠다라는 말을 은근히 듣기는 했다만, 지금 돌이켜보면 공돌이의 길을 선택해서 수많은 변화를 경험했던 선택에 절대 후회는 없다. 나는 학부시절에, 수많은 친구들이 대학교 1학년이 끝나갈 무렵, 진로의 비전을 전혀 발견하지 못하고 학교를 그만두고, 다른 진로를 선택하는 것을 지켜보았다. 그들은 알 수 없는 장비들로 가득한 학교 실험실 안에서 무엇을 보았는지 모르지만, 전망이 없다는 이유로 학교를 그만두거나 학과를 옮겼다. 스무살 시절, 참으로 꿈 많던 한 녀석은, 미국의 항공우주국으로 가서 한국인 과학자가 되는 것이 꿈이라고 말하며, 진지하게 공대 학과 공부를 시작했다. 그러나, 얼마 안 있어 휴학계를 던지고 다른 길로 들어섰다. 그들도 처음에는 세상에서 알아주는 '과학자'가 되는 것이 꿈이었는데, 그 꿈을 지키는 것을 중간에 결국 포기하곤 했다. 아마도 그들의 머릿속에 있던 미래에는 사람들로부터 존경을 받고, 화려하게 스포트라이트를 받는 모습만이 있었기에 현실과의 괴리를 극복하기 힘들었을 것이다. 이상과 현실이 꼭 맞아 떨어지는 일이 어디 있는가. 공돌이뿐만 아니라 다른 직업을 고르더라도, 사람들의 주목과 존경을 받는 위치에 오르기까지는 정말 숨 막히는 고통의 시간들과 뼈를 깎는 노력의 시간들이 있어야 하는 법이다.

세계적인 경영 저술가, 말콤 그래드웰은 그의 저서 『아웃라이어』에서 성공에 이르는 이들은 모두 공통적으로 '10,000' 시간을 외길에 투자했다고 밝혔다. 10,000시간이라는 어마어마한 시간을 외길에서 자신의 분야에 집중했다는 것이다. 세상을 놀라게 하는 물건을 꺼내올린 빌 게이츠, 스티브 잡스 모두 이 10,000시간 법칙을 따른 위인들이다.

다른 나라와 달리 대한민국에서 과학기술인으로서 성공하여 주목을 받기란 그리 쉽지 않다. 그렇기에 스티브 잡스처럼 프레젠테이션을 할 때 말 한마디와 몸짓 하나에도 사람들이 열광하고 환호하는 인기를 누리는 CEO가 배출되지 못하는 것도 사실이다. 아마도, 아직까지 남아 있는 과학기술인을 천대하는 문화와, 공돌이는 매일 밤을 새우고 실험실 안에서 노가다 일만 하는 사람이라는 인식이 팽배하기 때문인지도 모른다. 공대 안에서는 점차 대학원을 진학하고자 하는 학부 졸업생이 줄어들고 있고, 직장인 가운데에서도 공대 출신은 자신의 성공 가도의 한계를 느끼고 다들 다시 의학대학원이나 한의대, 치의대 등으로 발길을 거꾸로 돌리고 있다. 물론 자신의 적성이 정말 맞지 않아서 인생에 있어서 과감히 변화를 시도하는 이들도 있겠지만, 대개는 인생의 목적을 '부와 명예'만을 보고, 좀 더 쉬운 길을 가려는 유혹에서 다시 진로의 리셋reset 버튼을 누르는 이들이지 않을까.

공돌이의 외길이 꽤 매력적임은 분명한 일이다. 그래도 내가 지난날 함께했던 공돌이는 연구에 대한 순수한 열정이 있었고, 앞서 말한 멋진 장점들을 유감없이 보여주었다. 누가 뭐래도, 그들은 하고 싶은 일을 하고 있었고, 학교나 기업 연구소에서 하나의 프로젝트를 끝내고 뿌듯한 성취감을 느끼며 또다른 프로젝트를 준비하곤 했다.

우리나라에는 각 분야에서 독보적인 기술로 세계적으로 유명한 교수님들이 계시고, 그분들은 전세계 각지 대학에서 후학들에게 아낌없는 노하우와 철학을 전수하고 있다. 그래서 나는 후배들이 공과대학원 연구실을 어디로 가야할지 모르고 있다면, 대학교 간판보다는 해당 연구분야의 교수님의 명망과 열정을 보고 연구실을 선택하라고 조언한다. 그래야, 그러한 교수님 밑에서 한발짝 더욱 앞서간 기술을 배울 수 있고, 그분의 철학 또한 내 것으로 만들 수 있다는 믿음 때문이다. 국가적인 지원을 받는 수준이 다른 것은 말할 것도 없다.

오늘도 수십만의 공돌이 학우들이 아무것도 모르고 비록 '과학자'라는 꿈으로 시작한 공돌이의 길에서 척박하지만, 자신이 세계를 놀라게 할 수 있다는 희망으로 신기술을 개발하고 있다. 그들에게는 무엇보다 식지 않는 뜨거운 자부심이 있다. 나아가 국내의 좁은 터울을 벗어나 더 큰 무대에서 뛰고 싶다는 열정과 패기가 가득한 젊은이들은, 한국을 벗어나 해외의 유수 연구실로 꿈보따리를 싸들고 유학을 간다. 어떤 소수의 젊은 공돌이 학도들은, 한국과학재단 등의 추천을 받아서 미래를 담보로 학자금을 지원받기도 한다. 꿈은 언제나 현실의 크기를 벗어나야 꿈다워지는 법이다. 머릿속에서 꿈꾸고 생각하는 만큼, 바로 그곳까지 개인의 현실은 도달한다. 공돌이여, 언제나 꿈의 크기를 크게 키우고, 변화를 선택할 것을 두려워하지 말라. '과학자가 되고 싶어요'라는 어릴 적 꿈의 씨앗을 자신의 자식들에게도 과감히 추천할 수 있을 정도로 지금의 길에서 후회 없는 순간을 만드는 멋진 인생을 살아야하지 않을까.

성공의 천적, 변화에 대한 두려움
원하는 모습을 끊임없이 떠올려라

앞서 이야기했듯이, 공돌이는 혼자 사색하길 좋아하고, 새하얀 실험실에서 무언가를 만지작거리며 혼자만의 세계에 빠지는 습관 때문인지 몰라도, 쉽사리 '변화'라는 물결에 자신을 내던지지 않으려 한다. 물론 일반인도, 자신이 오래도록 익숙해진 주변의 환경이나 습관 등에서 그것들을 벗어던지고 '변화'를 선택하기란 쉽지 않은 법이다. 하지만, 조금은 외골수적 기질이 있는 공돌이에게는 '변화'라는 키워드가 무척이나 어색하게 느껴지는 모양이다. 그들은 조금은 안정적이고, 무난하며, 크게 이탈이 없는 환경과 기술을 좋아한다. 오히려 세상에 없던 것들을 창조해내서, 인류에게 조그만 이익이라도 줄 수 있는 신기술을 개발하겠다는 공돌이의 숙명이자, 운명을 떠올린다면 좀 아이러니하지 아니한가?

　그래서 그들은 좀 더 성장한 모습으로 한 단계 발전하기 위해서 현재 자신을 둘러싼 껍질을 깰 필요가 있다. 공돌이만을 위한 이해를 돕기 위하여, 그들 세계의 언어로 잠깐 비유를 들어보자. 물질을 구성하고 있는 요소 중 하나인 '전자Electron'가 평소에는 아주 안정적인Stable 상태로 있지만, 그들이 외부로부터 에너지를 받으면 어떻게 변화하는가. 에너지를 흡수하면 들뜬 상태가 되어서, 때론 아주 자유로워지지 아니한가. (그렇다. 이것은 바로 '자유전자'이다.)

　물질의 에너지 상태가 변화하면서, 때론 특성 자체도 아주 다르게 나타난다. 만일 어떠한 변화의 욕구도 없이, 무거운 중력에 이끌려 그저 안정적인 상태에 머물러 있다면 변화라는 달콤하고 자유로운 순간은 절대 찾아오지 않는다. 작은 물질은 그저 외부 에너지를 기다리지만, 인간은 스스로 에너지를 흡수하고, 내뱉을 수 있는 의지가 있지 아니한가. 그 능동적인 상태로 가려는데, 그것을 막고 있는 것이 바로 '두려움'이라는 놈이다. 두려움의 크기는 바로 당신이 그것을 넘어서기 위해 필요한 에너지의 양과 같다. 두려움이 없다면 아주 쉽게 변화할 수 있다.

　주위를 보면 아주 쉽게 변화하는 친구들이 있다. 그들은 변화 자체를 인생의 기쁨으로 생각하는 것 같다. 변화하면서 자신의 새로운 모습에 감격하고, 행복해한다. 그리고 새로운 비전과 길을 찾아 나선다. '그런 거는 몰라도 돼' 라는 개념보다는 '그것도 해볼 만해' 라는 개념이 그들의 마음을 뜨겁게 쥐고 있다. 하지만 대개의 공돌이는 새롭고 어색한 상황에 마주치노라면, '그런 거는 몰라도 돼' 라는 반응을 가장 먼저 보인다. 흥미롭게 그 상황과 발견을 잡아내는 공돌이는 물론 다음의 성장단계로 갈 티켓을 거머쥔다. 실제, 필자가 대학원에 있을 때에는 학교에서 종종 학과 수업 외 강좌를 학기마다 새롭게 열어주었다. 여러 특이한 분야의 세미나가 자유롭게 열리기도 했다. 물론 공과와는 상관없는 경제, 법, 예술, 문학 등의 강좌들이었다. 학생들은 어떠한 강요나 학점에 상관없이 자유롭게 세미나를 들을 수 있었다.

  그중에 굉장히 흥미로웠던 것이 '특허법' 이라는 4주짜리 강좌였다. 들을 때 무척이나 곤욕이었지만 돌이켜보면 개인에게 도움이 되고, 또 공돌이에게는 더욱 필요한 강좌가 아니었나 싶다. 특허법이라는 건, 전혀 나와 상관없는 강좌인 것 같았다. 실험실에서 매일 실험 데이터를 더 뽑아내고 시뮬레이션하며 분석 리포트를 쓰는 나에게, 딱딱한 법률이란 웬 말인가 싶었다. 하지만 특허법을 듣기로 했던 선택은 정말 후회 없는 변화로 가기 위한 현명한 결정이었다. 특허법을 듣고 나서, 미래에 내가 신기술을 개발한다고 했을 때, 그것을 보호할 수 있는 안전장치를 만드는 법을 배우게 되었다. 눈뜨고 코 베어갈 세상, 눈에 보이지 않는 지적 자산마저 훔쳐가는 이 시대에, 눈에 보이지 않는 것을 보호할 수 있는 방법을 터득한 것이다. 처음에는 무척이나 재미없고, 무료한 강의라 여겼지만, 시간이 지날수록 탁월한 선택이었음을 알았다.

당시 필자의 마음속에는, 이러한 두려움이 있었다. '지금 이 법 강좌를 듣고자 한 시간을 포기한다면 많은 숙제와 실험 리포트는 어떡하지. 논문 쓸 게 아직 많은데…….' 밀려오는 할 일 속에서 넉다운될 것 같은 업무 압박감을 느꼈다. 그것이 두려움인지는 나중에 알았다. 처음에는 작은 핑계를 만들고 있었는데, 그것은 곧 두려움의 씨앗이었고 곧 핑계가 눈덩이처럼 불어나면서 그것은 곧 두려움이라는 괴물을 의미했던 것이다.

두려움이란 인간이 가지고 있는 중요한 본능 중 하나이다. 두려움이 없다면, 천방지축 겁 없이 덤벼들어서, 만신창이가 될지도 모르는 게 인간의 또 다른 이면이기도 하다. 자기계발론의 아버지라고 불리는 나폴레온 힐의 저서 『성공의 법칙』에서 저자는 다음과 같이 말하며 두려움이라는 본성을 6가지로 나눈다.

"사람은 누구나 두려워하는 것이 있게 마련이다. 다음과 같이 인간은 가장 위해한 6가지 두려움을 접하게 된다. 인생에서 위업을 이루려 한다면, 이것들을 극복해야 할 것이다. 여러분은 이 6가지 두려움 가운데 어떤 것으로부터 괴롭힘을 당하고 있는지 판단해보라. 그리고 더 중요한 것은 어떻게 극복할지를 아는 일이다."

6가지 가장 치명적인 두려움

- 가난에 대한 두려움
- 늙음에 대한 두려움
- 건강 상실에 대한 두려움
- 사랑 상실에 대한 두려움
- 타인의 비판에 대한 두려움
- 죽음에 대한 두려움

이와 같은 6가지 두려움 중에 당신을 가장 괴롭히는 위협적인 것이 어떤 것인지 가려내보라. 개개인의 상황과 가치관에 따라서 다를 수 있겠지만, 그래도 적의 정체를 드디어 알게 되었다면, 이미 그를 반은 무찌른 셈이라 할 수 있다. 나의 경우 늘 변화를 선택하는 순간에 떠올리는 두려움은, 가난에 대한 두려움과 타인의 비판에 대한 두려움이었다. 누구나 상황에 따라서 두려움을 선택하고 그 크기를 느끼는 정도는 물론 다르다. 적어도, 나는 '가지고 있는 나의 재산을 모두 잃고 미래가 저당 잡히면 어쩌나' 라는 가난의 두려움과, '다른 사람들이 날 어떻게 생각할까' 라는 두려움이 컸었다.

  수많은 공돌이 동지들이 공감대를 느끼는 두려움 또한 바로 타인의 비판에 대한 두려움이 아닐까 싶다. 실제, 변화를 선택하는 데 있어서 우리는 참으로 많은 사람들의 눈치를 살피며 그들의 목소리에 일희일비한다. 공과대를 졸업했으면 공과대학원을 가거나, 기업이나 국가연구소에 들어가서 한 우물을 파는 연구원으로 남은 인생을 무난히 스케치해버리는 것은, 어떻게 보면 자신의 미래에 대한 진실한 고민보다는 남들 보기에 적당한 코스이므로 안정적이라고 생각한다. 자신이 직접 스케치한 미래이기보다는, 오히려 남들이 옆에서 그리고 있는 스케치를 따라 그리면서 자기도 꽤 괜찮은 길을 가고 있다고 무리 속에서 짐짓 판단해버리는 것이다. 그러면 적어도 같은 스케치를 그리는 하나의 집단, 무리 안에 있다는 안도감이 찾아들어서 두려움은 사라진다. 변화할 필요도 없고, 굳이 변화하고자 하는 욕심도 안 생긴다. 힘들게 위험을 무릅써가며 굳이 변화를 추구할 것인가에 대한 물음을 가지게 되면서, 자신의 꿈과 가치를 업그레이드시켜보고 싶은 한계를 스스로 그어버리게 된다. 두려움은 어디론가 사라졌지만, 그 대가는 공허하게 남는다. 심지어 후회마저 들기도 한다.

  필자도 공과대를 졸업하고 연구원의 길을 걷다가 직업을 180도 변경하는 과정을 체험했는데, 주위의 수많은 이들은 날 걱정하고 만류하기도 하면서 한편으로는 부러워했다. 인생에 있어서 한 번쯤, 그렇게 주위의 신경과 눈치를 보지 않고, 마음껏 변화를 시도할 수 있는 그런 자유가 부럽다는 것이다. 내 좁은 생각일지는 몰라도, 그 자유는 누구에게나 존재한다. 변화를 시도할 수 있는 자유라는 것이 따로 특별하게 자신 안에 존재하고 있느냐 없느냐가 아니라, 자신이 자유롭게 두려움을 극복할 수 있느냐 없느냐가 중요하다. 처음엔 물론 변화 자체가 숨막힐 정도로 무서웠지만, 이것도 해볼 만한 두려움의 과정, 즉 위의 6가지 두려움 중 하나에 불과하다는 생각은 내게 벽을 넘을 수 있는 자유를 주었다.

아직도 변화라는 키워드가 낯설고, 오히려 너무 식상하기에 선택하기 꺼려진다는 생각이 혹 든다면 그것은 내면에 굳건한 주도권이 스스로 잡히지 않아서이다. 스스로 언제나 자기 내면의 목소리에 귀를 기울이고, 집중하면서 하고 싶은 일을 하고자 하는 변화를 추구해야 한다. 변화의 대상은 바로 자신이고, 또 변화의 혜택을 누리는 대상도 자기 자신이기 때문이다. 스스로 상아탑을 벗어나, 독특한 세계를 구축하고자, 거대한 큰 그림을 꿈꾸고 있다면 과감히 벽을 부수고 밖으로 나올 일이다. 자신이 그려온 그림에 과감히 다른 크기, 다른 색깔의 붓을 집어 들고 색칠을 해보는 것이다. 실패가 두려운가? 실패라는 두려움을 가만히 뜯어보면 위의 6가지로 결국 귀결되지 않는가? 적어도 가장 큰 두려움인 '죽음' 까지 이어질 두려움은 아니지 않은가.

무엇을 선택하든 죽음보다는 그 아래 있는 것들이 아닌가! 다른 사람들이 생각해낸 결과에 얽매어 사는 도그마에 갇혀 있기엔 시간은 너무 짧다.-스티브 잡스

걸작을 만드는 것은 두려움을 없앤 변화의 힘이다. '변화무쌍'의 모습이 아니라 기존에 상상할 수 없던 새로운 무언가의 모

습을 창조해내는 것이다. 소설가 헤르만 헤세는 알이라는 껍질을 깨고 나오면, 또 다른 세상이 있는 법이라고 했다.

"그런 것 몰라도 돼"라는 말은 이제 그만 접어두고, "그런 것쯤은 알아둘 필요가 있어"라는 새로운 개념으로, 기꺼이 변화를 즐기는 자아를 발견하자. 지금의 자아를 As-Is 모델로 세워놓고, 머리끝부터 발끝, 육체적으로 영적으로 구성된 가치를 리스트업해보자. 그리고 변화하고픈 모습을 한계를 정하지 말고 맘껏 다시 리스트업해보자. 꽤 자신감이 생기는 작업이다. 연초마다 다이어리에 체중 몇 킬로그램 감량 등과 같은 공허한 숫자 외침을 적어놓는 것보다, 자신의 변화된 모습인 To Be Model을 그려보는 것이 더 가치 있는 일이다. 그리고 To Be Model을 따라 변화의 결과를 그려보면서 그 안에 1~2개로 예상되는 두려움과 추후에 그 두려움을 극복할 방안을 적어보자. 자아 변신을 위한 계획이란 이렇게 구체적이어야 한다. 변화에는 항상 두려움이 따른다. 그 두려움의 뿌리인 원인을 극복해내면 자연스레 변화로 이어지는 삶이 나타난다. To Be Model로 향하는 그 과정에서, 조금씩 발전하는 자기를 바라보면 여간 기특하지 않을 수 없을 것이다. 기분 좋은 놀라움이란 결국 두려움이라는 벽을 넘어서 얻는 값진 선물이다.

나에게 공식을 보여달란 말이야
숫자와 공식으로 이해되는 세상

공돌이와 진지하게 토론을 나누거나, 심도 있는 이야기를 나누어본 적이 있는가. 그러면 한 번쯤은 대화를 하다가 이러한 반응을 마주쳤을지도 모르겠다.

"그렇게 뜬구름 잡는 얘기를 하지 말구. 좀 피부에 와 닿는 얘기를 할 수 없겠어? 숫자나 공식으로 설명이 도통 안 되잖아."

그렇다. 그들에게는 상상의 여지를 남겨주는 것보다 기승전결이 딱딱 떨어지는 논리와 오류가 끼어들 여지가 없는 공식 같은 대화가 더욱 와 닿는지 모르겠다. 필자가 연구실에서 학위 논문을 준비하면서 선배나 교수님에게 가장 많이 들었던 얘기가 "그런 얘기는 나도 하겠다. 좀 답이 딱딱 떨어지는 논리로 이야기를 풀 수 없나?"였다. 나보다 먼저 앞서간 선배들의 사고방식에서는 내가 연구결과랍시고 나름의 논리로 풀어낸 논문들이 여간 맘에 들지 않았었나보다. 그들은 우스갯소리로, 내가 자꾸 결과를 허울 좋게 포장한다고 이야기했고, 마치 완벽한 프로그래밍 코드에 의해서 명확한 답이 똑 부러지게 떨어지기를 원했었나보다.

공돌이는 대개 그런 대화의 흐름을 원한다. 상대방이 말을 건네면서 상상의 여지를 남겨두거나, 알아서 자유롭게 판단하라는 등의 반응이 오간다면, 답답해하면서 가슴을 칠지도 모른다. 현실에서 어떠한 문제를 마주쳤을 때에도, 눈에 보이지 않는 현상이더라도, 논리가 똑 부러지게 떨어지면 믿는 경향이 있고, 자신이 어떠한 논리에 의해서 이해되지 못한다면 코웃음을 치곤한다. 그것은 평소에 그들이 강의실 또는 실험실 안에서 배우는 과정에서, 논리와 공식으로 모든 사물의 현상을 이해하려는 노력을 기울이기 때문이다. 실험실 안에서는 감각에 의지해서 상황을 판단하여 실험 데이터를 조작하거나, 실험 데이터를 얻어내기 위해 시간을 소요하는 행위는 절대 금기시된다. 그래서 항상 이해할 수 없는 문제가 나타나면, 왜 그런지를 최소 5번이나 물으면서 현상의 원인을 찾기도 한다.

'왠지…….' 라는 말의 따위를 내놓을라치면, 실력 없는 연구원, 대책 없는 연구원으로 낙인찍히기 십상이다. 하지만 아이러니하게도 이 세상의 위대한 발견과 기술의 혁명은 '왠지…….' 라는 직관적 의심에서 출발했다. 공돌이와 대화하다가도, 그들이 갑자기 너무나 차갑게 느껴진다면, 그들이 당신의 이야기를 손에 잡히도록 이해하지 못하고 있다고 생각해도 무방하다. 또한 그들은 언제나 공식에 맞추어서 모든 현상을 이해하려고 하는데 그럴 경우 결국 실망으로 이어지는 경우가 많다. 세상은 전공서적이나 훈련된 논리로는 설명되지 않는 것들이 오히려 부지기수이다. 열길 물속은 알아도, 한길 사람 속은 모른다는 말이 있지 않은가.

우리가 흔히 이야기하는, 탁월한 소통자 Good Communicator의 첫 번째 필수 조건은 바로 상대의 관점에서 대화를 풀어나가는 능력이다. 이러한 능력을 위해서는 경청, 이해, 역지사지 인식, 상상 등의 모든 기술이 총체적으로 뒷받침되어야 한다. 앞서 공돌이는 자기주장이 세고, 완벽한 논리가 아니면 쉽게 소견을 굽히지 않는 특성이 있다고 거론하였다. 그렇기에 쉽사리 사기꾼에 매혹되거나 눈에 보이지 않는 허황된 욕구 등에 현혹되지 않는 장점이 있다. 하지만, 반면에 대화의 기술이 떨어지는 단점이 있기도 하다. 언제나 딱딱한 기술서적과 연구서적만을 접해와서 주위 사람들과 이야기를 나눌 때면 곧 얼마 못 가서 대화의 주제가 떨어져가는데, 더구나 공식같이 딱딱하기만 하다니! 본의 아니게, 다른 사람들로부터 괜히 오해를 사는 일은 피해야하지 않는가.

공돌이의 큰 약점으로 지적되는, '사회성 결핍'을 극복하고자 한다면 조금은 너그러이 마음을 다잡고, 인간관계 속에서 윤활유가 될 만한 소재들로 머릿속을 말랑말랑하게 만드는 연습을 하자. 정체 모를 기호들로 구성된, 전공서적 안에서 약속된 기호들로 표현된 공학공식은 연구실 안이나 논문을 쓸 때에는 뛰어난 위력을 발휘하지만, 살을 맞대고 감정을 교환하는 인간관계 속에서는 맞아떨어질 리가 없다. 오히려 인간관계 안에서 교감을 나누기 위한 소위 '공식'들을 배워야 한다.

예를 들어, 처음 얼굴을 마주하는 사람들과 나누는 대화법의 선택, 관심 분야가 전혀 다른 사람들과 이야기를 나눌 때의 방법, 수많은 이해관계자가 얽힌 자리에서 자기가 원하는 것들을 쟁취해내는 협상의 공식들이 그것이다. 이러한 공식들은 따로 어디서 사사받는 것도 아니며, 때론 천성적으로 타고나기도 하지만, 개인의 의지와 노력으로 체득하기도 하다. 일반인이 알 수 없는 기호들로 구성된 공학 공식을 보면 금세 질려버리고 따분해하듯이, 대부분의 공돌이도 이와 같이 인간관계 속에서 한 번쯤은 꼭 쓰게 되는 소위 '사회성 향상' 공식들에 대해 고개를 절레절레 흔들 것이다. 그러나 이것은, 곧 공돌이의 가장 큰 약점인 '인간관계 기술부족'의 문제에 대해 스스로 고개를 끄덕이며 인정하는 것과 같다.

약점을 강점으로 스스로 승화시키고자 할 때 비로소 변화가 일어나며, 성장하는 법이다. 우리나라를 막론하고, 세계적으로 성공한 기업 또는 조직의 리더들 가운데는 공대 출신이 제법 있는데, 이들에게서 나타나는 가장 중요한 특징은 언제나 훌륭한 커뮤니케이터로서의 장점을 가졌다는 것이다.

2011년 당시 《포춘》에서 세계에서 가장 영향력 있는 CEO 1위로 선정된 스티브 잡스(그는 대학시절, 전자회로설계에 광적으로 집착한 공돌이였다)는 언제나 새로운 아이디어를 구상할 때면, 조직 내의 수많은 산업 디자이너, 개발자, 심지어 외부적으로 친한 뮤지션 아티스트 들을 만나 의견을 교환하고 혁신적인 생각의 실마리를 잡는다고 한다. 그들의 대화의 주제가 아이폰 핵심회로의 설계 스펙 개선 및 성능 평가에 국한될 거라는 것은 만무한 일이다. 스티브 잡스와 같은 영향력 있는 리더는 사람들의 다양한 의견과 아이디어를 듣고 종합하며 세상을 다시 한 번 놀라게 할 제품을 꿈꾼다.

누구나 기업이나 연구소 같은 조직 안에서 언젠가는 리더의 위치에서 사람들을 이끌어야 하기에, 공돌이에게는 기술적이고 지식적인 능력 못지않게, 좋은 커뮤니케이션 능력을 갖추는 게 필수적이다. 부하 직원이나 동료에게, "내게 어찌됐든 당신 머릿속에 들은 것을 공식으로 풀어서 내놓으시오. 그래야 납득하기 쉬우니까." 하는 등의 폐쇄적인 자세는 좋지 않다. 어느 조직에서나, 'Innovation(혁신)'과 'Creativity(창의)' 단어가 중요하게 여겨지는 요즘이다. 조직 안에서의 혁신과, 세상 사람들의 마음을 사로잡을 기발한 아이디어는 완벽한 이성적인 논리에 의해서 절대 발현되지 않는다. 감성을 터치하고 다양성을 수용할 수 있는, 인간의 우뇌에서 출발한 말랑말랑한 감수성이 필요하다. 세상 사람들의 마음을 사로잡고자 한다면 바로 곁에 있는 동료 팀원들과 주변 인들의 마음부터 사로잡는 능력을 키우자.

국내 굴지의 대기업 L사는 직원의 절반 이상이 공대 출신으로 이루어져 있다. 최근 이 대기업을 이끌고 있는 CEO는 "한국을 먹여 살릴 이들은 바로 공대 출신의 고급 엔지니어"라고 공개적으로 언급하기도 했다. 이 기업의 신입사원들은 입사와 동시에, 출신을 막론하고 약 6개월간 신입사원 연수를 받는데 이 기간 동안 전공을 벗어나 다양한 경험을 한다. 명망 있는 좋은 학부나 대학원에서 공학학위를 받았다 하더라도, 그것과 상관없이 그들은 현장감각을 익히기 위해 마케팅부터 대리점 영업, 심지어 공장라인 단순 업무에 이르기까지 광범위한 경험을 한 후에 현업에 배치된다. 공돌이 출신은 늘 계산기만 두드리고, 컴퓨터로 코드만 짜며, 신사업 개발은 본사의 인문대 출신들만 해야 한다는 뿌리 깊은 고정관념을 사회생활을 시작할 때부터 털어주고 있는 것이다. 부끄럽고 민망하고, 어색하고, 때론 신나는 경험을 겪으면서 신입사원들은 비로소 자신의 적성을 발견하고, 사내에서의 진로 방향을 미리 결정하기도 한다.

변화 속에서만이, 바로 자신의 미래에 대해 목마른 갈증을 해결할 수 있다. 공식과 숫자에만 집착하면

> ❝ 처음 구글을 만들 때 사람들은 우리를 정신 나간 창업자로 여겼다. 물론 그렇긴 했다. 그러나 그것은 결과적으로 정말 괜찮은 베팅이었다. ―래리 페이지

서 '하면 된다'는 소위 '무대포' 정신으로 업무를 밀어부치기만 했던 시대는 엄연히 지나갔다. 이제는 시간 투입과 상관없이 효과적으로 일을 잘하는 사람이 대접을 받는다. 효과적으로 일하려면, 혼자서 일하면 안 되고, 나보다 더 업무를 잘 알고 있고, 감각이 있는 이들의 힘을 빌려야 한다. 그러기 위해서는 역시 '커뮤니케이션'을 잘해야 그들의 마음을 흔들고, 내가 원하는 도움을 받을 수 있는 것은 자명하다. 주변인과의 관계 속에서 공식에 맞는 일만을 찾으며 스트레스를 받기보다는, '내가 먼저 변화해서 마음을 열면 상대방이 변한다'는 '겸손' '소통' 심지어 '투자'의 개념이 녹아들어가 있는 '변화로 가는 공식'을 온몸으로 절절히 깨우치는 것이 제일 현명하다.

공돌이, 아킬레스건을 찔리다
변화를 막는 안정지향주의를 버려라

기술만 있으면 먹고사는 시대는 지나갔다. 과거 새마을 운동 시대의 오래된 구호처럼 여겨져서, 공돌이의 필수조건은 무엇보다 보유기술로 승부하는 능력이라는 논리는 점차 힘을 잃어가고 있다. 이제는 출신 성분이나 간판 따위의 이름표는 중요하지 않다. 그런 외형적인 것들이 개인의 성장 한계를 일찌감치 그어버리지는 않는다.

전혀 상관없을 것 같은 분야에서 '변화'에 대한 깨어 있는 인식을 가진 공돌이가, 먼저 움직이면서 새로운 자신만의 길을 개척해가고 있다. 여기서의 '변화'란 그들이 공돌이라는 껍질을 벗어던지기 위해, 미래에 보수가 좋을 것 같은 의학대학원이나 보직이 평생 보장되는 공무원 등의 낮은 수준의 변화를 이야기하는 것이 아니다. 그들은 이제 새로운 능력을 필요로 하게 되었는데, 열린 마음으로 지식을 접하고, 융합하는 능력이 바로 그것이다.

국가나 대기업 연구소 개발실 등이 자신의 평생 미래를 지켜주고 보장해주지 않는다는 것이 자명해지는 요즘이다. 공돌이로서 훈련된 특장점을 가지고 자신의 강점을 살려서, 남들이 예측하지 못한 분야로 과감히 이동해 자신의 끼와 재능을 살려서 제2의 변신을 거듭하고 있는 이들이 늘어가고 있다. 최근 H모 금융전문 투자회사에서는 역량 있는 인재를 뽑아서 펀드매니저로 채용하고 보니, 모두가 공대 출신이라는 기사가 나기도 했다. 상대 출신의 전문 영역이라고 불리던 금융투자 영역에서 이제는 수리와 분석에 능한 공돌이가 새롭게 진출하고 있는 재미있는 현상이 일어나고 있는 것이다.

대학에서는 '금융 공학Finance Engineering'이라는 학과가 새로이 생겼다. 이 학문을 공부하는 학생은 예전에 인두와 기계선반을 잡던 공돌이라면 치를 떨었을 과목인 재무회계 등과 같은 커리큘럼을 함께 이수한다. 또한 예전 같으면 프로그래밍 코드만 기가 막히게 짜면 실력 있는 프로그래머로 성공할 것 같던 공돌이도, 이제는 그 코드가 내장될 시스템의 아키텍처나, 비즈니스 지식을 함께 이해하지 못하면, 그 자리에서 머물고 도태되고 마는 현실이 되었다. 타인의 노하우나 경험을 받아들이지 않아도, 자신의 고집만 있으면 용서가 되었던 시대의 공돌이는 더 이상 현대의 변화 흐름 속에서 살아남을 수가 없다. 다른 무언가를 융합하여 새로운 제3의 아이디어를 발견해야 하는 운명을 만나게 된 것이다. 자신의 외고집을 믿던 공돌이는 이제 그 아킬레스건이 찔리고 말았다. 그들의 약점 중 하나인 거센 외고집으로 인해 스스로 성장의 기회를 놓치고 마는 경우가 발생하는 것이다.

이제는 엄연히 한 가지 재능과 더불어 과감히 스스로 변신할 수 있는 자들이 자신의 영역에서 또다른 가치를 가지고 진검승부를 벌이는 시대가 되었다. 그래도 공돌이는 변신의 과정에 있어서, 남들이 쉬이 갖기 어려운 개인의 고유한 전문 기술분야가 있지 아니한가. 필자가 예전에 근무하던 연구소에서도, 과감히 공돌이로서의 껍질을 벗어던지고 다른 모습으로 변신을 시도하는 조직 안의 선구자 같은 이들이 있었다. 예를 들어, 평생 연구원으로서 직무를 맡고 안정적으로 실험실 안에서 주어진 프로젝트를 수행하면서 회사생활을 할 것 같던 이들이 어느새 남다른 진로를 꿈꾸고 적성과 개성을 잘 살려서 상품기획, 상품마케팅, 또는 전략기획 등과 같은 업무 영역으로 과감히 도전해서 새롭게 그들만의 자리를 잡기도 했다. 물론, 새로운 세상을 맛보기 위해서는 응당 치러야 할 고통이 있는 법이다. 그들도 처음엔 공돌이로서의 한계에 답답함을 느끼고, 새롭게 변신한 곳에서 때로 괴로워하기도 했지만 곧 적응을 하면서 남다른 이야기를 쓰기 시작했다. 그들에게는 공돌이로서 실제 연구 개발 현장에서 피땀 흘려가며 기술을 개발한 경험이 있었고, 그것은 곧 소중한 자산이 되어서 고객과 접점에 위치한 그들의 새로운 업무영역에서 독자적인 노하우로 스며들었다. 개발 경험과 현장 경험이 있기에 더욱 손에 잡히는 상품기획, 상품마케팅, 상품전략을 짤 수 있었던 것이다. 그러니 공돌이에게 있어서 변신, 변화는 나쁜 것만은 아니다. 오히려 한곳에 안정적으로 머무르려는 그들의 아킬레스건이 드러나, 제2의 성장, 즉 개인의 꿈과 비전의 지속가능한 연장을 위해서는 그것을 극복하지 않을 수 없게 되었다.

현실에서 사업을 직접 키워내고, 기업을 만든 공돌이 출신 CEO들 중 상당수가 이제는 MBA와 같은 최고 경영자 과정이나 관리자 과정 등의 경영 및 관리 등과 관련된 전문분야를 따로 공부하고 있는 추세이다. 최근에 미국 유학을 마치고 돌아와 국내에서 벤처기업가 후학 양성에 힘쓰고 계시는 안철수연구소 전 CEO인 안철수 교수는 이러한 공돌이 기업인들의 한계를 절감하고 새로운 배움을 나누어주는 제2의 인생을 살고 있다. 안철수 교수는 국내 벤처 기업가 세대의 아버지와 같은 역할을 했고, 현재는 자신이 만든 기업 안철수연구소에서 쌓은 노하우를 후학들에게 나누어주고 있다. 후배 벤처 기업인이 어리석게 공돌이만이 쉬이 가질 수 있는 기술적 아집과 좁은 시야 등의 단점으로 성공하지 못하고 실패로 이어지는 그런 현실이 다시는 발생하지 않도록 하기 위해

서이다. 그래서 그는 어느
날 안철수연구소 CEO 자
리를 내놓고, 홀연히 태평
양을 건너 늦은 나이에 미
국 MBA로 유학을 마치고

어느 순간 더 의미가 크고 보람과 재미가 있는 일이 닥치면, 혹은 그걸 안 하면 후회할 것 같은 생각이 들면 힘들겠지만 그 일을 선택할 거예요. -안철수

돌아와서, 국내 기술 정상 대학교인 카이스트에 벤처기업가 정신이라는 강의를 열고, 젊은 인재들을 양성한다. 그가 국내 공돌이들의 총 본산이라고 할 수 있는 카이스트에 벤처 기업가 정신 과목을 열은 것은 이제 변화하는 공돌이에게 요구되는 사항이 예전과는 달리 학계를 넘나들고 있다는 것을 의미한다.

　아킬레스는 더 이상 아킬레스로 숨기고 있어야 할 것이 아니라 거침없이 내어놓고 수술받고, 교정받고, 재활하며, 훈련받아야 더욱 멀리 뛸 수 있게 된 시대가 온 것이다. 이제는 기술적인 마인드로 학습되고, 경영학과 인문학적 마인드로 훈련된 인재만이 조직을 이끌고, 사람을 다스리며, 조직과 기업의 성공을 이끄는 수장이 되는 시대다. 개개인이 이제는 아무리 작은 조직에 속하다 하더라도, 그 안에서 다른 이들과 살을 맞대고 같은 공동목표를 바라보고 있는 한 그들은 팀원이고, 또 누군가를 이끄는 리더가 된다. 리더의 덕목 가운데 빠지지 말아야 할 중요한 점은 바로 다양성을 포용하는 능력이다. 그것은 개개인의 능력과 관심분야, 장단점을 모두 끌어안는 능력이다.

누구나 한 번쯤은 리더가 된다. 적어도 한 가정을 이끄는 가장으로, 가족 구성원의 다양성을 인정하고, 관심을 가져주며, 개발시켜주어야 하는 의무를 지니는 것이다. 나의 자식은 언젠가 오케스트라에서 바이올린을 연주하고 싶고, 심지어 김연아처럼 빙상 위에서 아름답게 자신의 예술성을 표현하는 피겨스케이터가 되고 싶을지도 모를 일이다. 그럴지 모를 아이의 미래를 위해서, 오늘도 딱딱한 최신 논문의 공학 수식과 프로그래밍 코드만을 강조할 것인가. '한 우물만 파는 정신'의 숨겨진 진실은 바로 끈기와 인내이지 외골수와 집착이 아니다.

현대 경영학의 아버지이자, 경영학의 구루라고 칭송받는 피터 드러커 박사는 3년에 한 번씩 그의 전공분야와 전혀 다른 학문, 기술, 또는 예술에 흠뻑 빠져 있었다고 한다. 그는 경영학의 대부로 세상 모든 경영인에게 존경을 한 몸에 받는 권위자였음에도, 2000년 초 죽음을 맞이하는 순간에는 서양미술과 음악에 심취해 있었다. 우리의 앞으로 남은 인생을 대략 잡아 3으로 나누면, 내가 죽기 전까지 3년에 1번씩 나의 몸과 정신이 누릴 수 있는 주특기의 개수가 나온다. 바이올린 켜는 공돌이, 유화를 그리는 공돌이, 비보잉을 하는 공돌이, 와인 전문가 공돌이……. 참으로 가슴 떨리는 멋진 융합이 아닌가.

하나의 그림에 매달려서, 이유 없는 덧칠만을 계속하는 독선에 빠지지 말 일이다. 숫자와 기호로 구성된 빠듯한 논리에서 벗어나

가끔 여유롭게 인생을 아름답게 하는 기술을 익히고, 자신을 정의하는 색깔을 하나둘씩 늘려야 한다. 그것이 바로 창조적이고 혁신적이며 컬러풀한 리더로 거듭나는 길이다.

앞서 예로 든, 피터 드러커 박사는 그의 인생철학의 정수를 모은 저서인 『마지막 통찰Definitive Drucker』에서 다음과 같이 이야기한다. "앞으로 21세기의 모든 노동은 지식기반이 되어, 조직 안의 이들은 '지식근로자' 로서 정의된다. 이 지식 근로자는 CEO처럼 사고하고, 행동할 줄 알아야 한다. 즉, 스스로가 결정을 내릴 수 있는 판단력을 갖추어야 하며 팀워크를 할 줄 알아야 한다."

여러분은 진정 지식근로자가 될 준비가 되었는가? 혹, 실험도구와 각종 연장뭉치에서 멀어져, 또는 컴퓨터 시뮬레이션을 통해 결과 테이블만을 만들고 있으니 책상 앞에서 이론적인 연구를 수행하는 완벽한 지식근로자라고 스스로를 오해할지도 모른다. 핵심은 사람들의 다양성을 인정하며 현장에서 팀워크를 잘하고, 스스로 판단을 내리는 CEO처럼 주도적으로 변화하는 근로자만이 진정한 '지식근로자' 라는 것이다. 또한 그것은 딱딱하고 저돌적인 공돌이라는 기존의 무지막지한 이미지를 탈바꿈하여 늘 안주하지 않고 변화를 꿈꾸며 자신이 살아 있음을 느끼는 '차세대 공돌이' 의 모습을 말한다. 만일 당신이 공돌이라면, 언젠가 다른 이들로부터 머지않아 "당신은 내가 아는 다른 공돌이들과는 무언가 다르네요"라는 칭찬을 받길 진심으로 희망한다.

 READING  TRAVELING  MENTORING

 INSPIRATION

 CHANGE

 2nd LANGUAGE

 BUSINESS

2부

껍질을 깨다

롤모델을 세우라

상상하는 바로 그곳까지 현실이 된다

그들에게만 축복받은 선물, 모델링

공돌이를 위한 변화 전략 1 책 읽는 공돌이

공돌이를 위한 변화 전략 2 여행하는 공돌이

공돌이를 위한 변화 전략 3 멘토를 찾고, 멘토가 되어주는 공돌이

공돌이를 위한 변화 전략 4 낭만파 공돌이

공돌이를 위한 변화 전략 5 팔색조 공돌이

공돌이를 위한 변화 전략 6 영어에 능숙한 글로벌 공돌이

공돌이를 위한 변화 전략 7 비즈니스맨 공돌이

지금 즉시 실행하라

　이번 장에서는 앞서 살펴본 공돌이의 주요 특성을 고찰한 결과를 바탕으로, 본격적으로 변화를 꿈꾸는 공돌이에게 현실적인 해결책을 제시하고자 한다. 앞 장에서 단단한 껍질 안에서 웅크리고 있어야 했던 공돌이의 구태의연한 전형적인 모습을 거론하였다면, 이제부터는 껍질을 깨는 'TO-BE 모델'을 향한 방법을 제시하고자 한다.

공돌이가 가지고 있는 우수한 장점인 상상력, 수리력, 수치 모델링 능력 등의 장점을 짚고 나서, 변화를 향해 더욱 필요한 '7가지 변화 전략'을 제시하고자 한다. 먼저, 21세기 동시대를 살다 갔고, 가히 세계 IT 역사의 한 획을 그었다고 할 수 있는 천재 공돌이 CEO인 애플 '스티브 잡스'에 대한 이야기부터 잠깐 살펴보고 그의 삶에서 삶의 교훈과 통찰력을 얻어보도록 하자.

롤모델을 세우라
공돌이의 우상, '애플'의 CEO 스티브 잡스

앞으로 한 세대 후 즈음에 지금의 시대를 기억하는 이들에게, 2000년대 초반의 시대를 한껏 풍미했던 걸출한 인물을 꼽아보라고 하면 누구를 가장 먼저 떠올릴까. 지금 캠퍼스 안에서 꿈을 키우는 공대생들에게 국적을 막론하고 세계에서 가장 닮고 싶은 존경하는 CEO를 묻는다면, 그들은 모두 '애플'의 창업자이자 CEO였던 스티브 잡스를 주저 없이 지목한다. 오늘날 첨단 멀티미디어 기기를 넘어서 사회, 문화, 심지어 사람들의 소통 방식과 미적 감각까지 혁신적으로 바꾸어버리는 데 지대한 영향을 끼친 이가 바로 '애플'의 CEO, 스티브 잡스라는 것에는 모두 동의할 것이다.

빌 게이츠와 스티브 잡스는 대학교를 자퇴하고 회사를 설립한 공대 출신이라는 공통점이 있다.

지금 우리와 같이 호흡하는 이 시대의 2명의 걸출한 천재를 손꼽으라 하면, '빌 게이츠'와 '스티브 잡스'를 주저없이 떠올린다. 누구도 부인할 수 없이 그 두 사람은 첨단 IT 및 멀티미디어 기기, 소프트웨어와 하드웨어 산업이라는 분야에서 양대 산맥을 이루면서, 세계 경제 흐름을 주도하고 있다. 빌 게이츠는 사람들이 오피스에서 일하는 업무 방식을 바꾸었고, 스티브 잡스는 사람들이 일상 속에서 놀이를 즐기고, 소통하는 방식을 바꾸었다. 빌 게이츠와 스티브 잡스, 두 사람 모두 젊은 시절, 불타는 열정과 번뜩이는 아이디어로 뜨거운 가슴을 안고 꿈을 이루고자 창고 안으로 들어갔던 괴짜들이었다. 그리고 그들은 공돌이였다. 수년 후, 그들은 기어이 세상을 놀라게 했다. 빌 게이츠는 소프트웨어 분야에서, 스티브 잡스는 하드웨어 분야에서 세계를 놀라게 할 꿈의 씨앗을 성공적으로 뿌렸다. 그러나 일반 대중들은 부유한 은행가의 집안에서 고생을 모르고 자라며, 순식간에 젊은 나이에 세계 부자 1위에 오른 빌 게이츠보다 인생역전의 드라마를 직접 써내며 성장한 故 스티브 잡스에게 점수를 더욱 후하게 주는 것 같다. 아마도 드라마틱한 삶의 고난과 그것의 극복과정, 그리고 세계에 우뚝 선 최고의 혁신적 CEO라는 그의 인생 이야기 자체가 한 편의 영화 같기 때문인지도 모르겠다.

두 사람 모두 놀랄 만한 미래 산업기술의 흐름에 대한 통찰력이 있었던 것은 분명하다. 그들 모두 남들이 처음에는 괴짜라고 생각하는 공돌이 출신이었으며, 남다르고 독보적인 행동으로 주위사람들에게 비상한 관심을 모은 이들이다. 그러나 유독 스티브 잡스가 남녀노소를 막론하고(산업분야는 물론이고) 모든 이들의 관심과 지목을 받는 것은 무슨 이유에서일까?

세계에 영향력을 미치는 21세기 최고 CEO로 선정되었던 스티브 잡스는 말 그대로 이제 이 시대를 정의하는 아이콘이 되어버렸다. 그가 '세계 최고의 영향력 있는 리더'이자 '혁신의 전도사' '흥행 승부사' 등으로 불릴 수 있었던 것은 그에게 미래의 산업을 꿰뚫어보는 탁월한 시야와 누구도 생각하지 못했던 혁신적인 아이디어가 있기 때문이다. 더불어 가장 중요한 능력, 즉, 사람들의 감성을 사로잡는 능력이 있었기 때문이다. 스티브 잡스는 크게 위의 세 가지 능력을 모두 융합하여 '애플'이라는 브랜드로 자신이

기획한 제품을 만들어냈다. 그는 현실의 고루한 트렌드를 과감히 파괴하고, 열정과 혁신적인 아이디어와 '잡스만의 방식'으로 새롭게 시장의 룰을 정의해나갔던 것이다. 무엇보다 그는 변화 없이 한곳에 정체되어 있는 것을 견디지 못하는 사람이다. 그의 리더로서의 뛰어난 매력과 세상을 향한 영향력을 보더라도, 우리는 이 시대 최고의 공돌이 CEO인 스티브 잡스라는 인물에 집중하여, 발상 자체가 시작부터 달랐던 그의 혁신 마인드, 업적, 그리고 삶의 철학을 반추해볼 필요가 있다.

　스티브 잡스가 '애플'에서 만들어낸 제품은 하나의 인류의 '유산'으로 역사의 한 페이지를 매순간 장식하고 있다고 해도 과언이 아니다. '애플'의 미래를 향해 일하는 모든 직원들이 'Think different'를 주창하며 창의적으로 일해왔듯이, 그가 탄생시킨 제품에는 그 누구도 예상하지 못한 놀라운 이야기가 담겨져 있다. 대중들 사이에, '매킨토시'와 '애플'이라는 열광적인 마니아 집단이 형성된 것이 벌써 어느덧 10여 년 전 일이며, 이제는 그 마니아적 집단 이상을 넘어서 수많은 사람들이 '애플'이라는 한입 베어 나간 사과 모양의 로고 하나에 점점 열광하고 있다. 우리나라에서는 어린 유치원생들 조차, '아이폰'이 얼마나 대단한 휴대전화인지를 이미 알고 있다.

　자신의 모든 지적 노력과 열정을 쏟아 부어서, 하나의 제품 또는 서비스를 탄생시켜본 공돌이는 그 보람찬 느낌을 알 것이다. 자신이 수개월간 밤잠 설치며 만들어낸 제품은 마치 자신의 자식처럼 느껴질 만큼 소중하기 그지없다. 대기업, 국가연구소 등지에서 일을 하는 연구원들은 연봉과 같은 물질적 조건보다는 자신의 연구 성과로부터 얻어낼 수 있는 성공 체험과 성취감을 더욱 중요시 여긴다. 자신이 가지고 있는 미약한 힘이지만, 하나의 제품을 통해, 사람들이 즐거워하고, 그로 인해 세상이 조금씩 변화하는 데 기여했다는 느낌이 들 때 가슴이 벅차오르는 희열과 보람을 느끼는 것이다. 처음에 냉소적이었던 대중들이, 차차 자신의 제품에 관심을 갖고 또 좋은 평판을 남겨주며, 만족도를 높게 가지고 사용하는 것을 지켜보노라면 공돌이는 그것만으로 정신적 보상을 다 받았다고 생각하기도 한다. 뼈에 사무치는 감동과 함께 만들어낸 제품이 '애플'의 '아이팟'과 '아이폰'처럼 세상 사람들에게 주목을 받고, 그것이 나아가 시대의 트렌드를 정의한다고 하면 그 순간 감동의 크기는 어떠하겠는가.

스티브 잡스의 탄생부터 사망 전까지의 에피소드를 담은 제프리 영-윌리엄 사이먼의 저서 『아이콘iCON』이라는 책을 보면, 스티브 잡스는 부의 축적이나 명예에는 관심 없는 인물로 묘사된다. 그는 무엇보다 고루한 것을 더욱 못 참기 때문에 일하고, 세상을 바꿀 수 있다는 희열 때문에 더욱 혁신이라는 갑옷을 두르고 전진한다고 말한다.

스티브 잡스의 친척, 딕 올슨은 "최고의 엔지니어는 정해진 틀에 들어맞지 않는다"고 말하며, 그에 해당하는 인물로 당연 스티브 잡스를 추켜세웠다. 그

아이팟이 나온 이상 음악을 듣는 일은 예전과는 절대로 같을 수 없다. -스티브 잡스

시장 조사는 하지 않았다. 그레이엄 벨이 전화를 발명할 때 시장 조사를 했느냐 말이다. 천만의 말씀, 내가 바라는 것은 오직 혁신이다. -스티브 잡스

는 심지어 예전에 캘리포니아 주 우드사이드Woodside에서 살았을 때에, 집에 가구 하나 없이 살았다 한다. 스티브 자신은 세상에 그를 만족시킬 가구는 없기 때문이라 말한다. 그는 완벽하지 않으면 차라리 갖지 않으려 했다. 따라서 남들이 모두 포화된 시장이며 전망이 불투명하다고 여겼던 PC, 노트북, 전화 등의 제품에서 새로운 트렌드를 창조하고 그의 방식대로 다시 산업 가치를 정의했다. 그는 항상 "세상에 충분히 좋은 물건은 없다"고 말한다. 그는 적당한 수준에서의 만족으로 방심하지 않고, 자신과 타협하지 않는다. 그와 일하는 동료들은 그가 '애플' 제품 디지인의 아주 사소한 부분까지 일일이 신경을 쓴다고 한다. 심지어, 과거 그가 현장에서 '애플II'의 납땜 작업을 깔끔하고 정확하게 처리하라고 고집했던 시절, 제품을 분해해본 몇몇 전문가들이 찬사를 늘어놓았다. "우아하다!"

기술의 힘에 집중하는 공돌이 세계에서, 그들의 수장인 스티브 잡스는 기술 이상의 무엇을 갈구했다. 절대 기술의 첨단이 그의

갈증을 해결해주지는 못했다. 그가 만들어낸 제품은 3요소, 즉 기능이 뛰어나고 빨라야 하며 아름다워야 했던 것이다.

그의 절친한 친구인 오라클Oracle의 CEO 래리 엘리슨은 스티브 잡스가 평소 파리의 에펠탑과 뉴욕 자유의 여신상을 디자인한 '구스타브 에펠'을 매우 존경한다고 말한다. 그 이유는 에펠이 뛰어난 공돌이면서도, 훌륭한 예술적 감각을 가지고 있었기 때문이라고 한다. 그는 늘 기술의 힘과 더불어 사람들의 마음을 사로잡는 감성을 중시한다. 그 사상은 '애플'의 제품뿐만 아니라 '애플 스토어'라는 오프라인 매장까지 모두 녹아들어 있다. 고객의 동선과 시선 등을 세심하게 배려한 하나의 디자인 하우스, '애플 스토어'는 지난해 역사상 그 어떤 소매업보다 빠른 속도로 10억 달러 매출을 달성했다. 《포춘》과의 인터뷰에서 그는 이렇게 얘기했다.

"고객들은 그냥 느낀다. 그들은 무엇인가 조금 다르다고 느낀다."

그는 수많은 전문가들이 예측하고 쏟아내는 복잡한 논리, 이론 및 예측치 등의 숫자에 집착하지 않고 자신의 직관을 중요시했다. 또한 '애플'이라는 기업이 1984년 매킨토시를 내놓은 시점부터 지금까지도 세상을 향하는 비전을 무엇보다 고려했다.

세상 모든 사람들은 이제 '애플'이라는 또 하나의 '스티브 잡스'와도 같은 브랜드에 열광한다. 모두가 이제는 구식이라고 고개를 내저으며 등을 돌린 제조업의 한 분야, 멀티미디어 기기를 놓고 그는 사람들의 감성을 사로잡는 이야기를 심었다. '스티브 잡

애플이 참여하면서 예전보다는 흥행성이 더욱 상승하고 있는 맥월드 엑스포.
애플이라는 브랜드의 힘은 이토록 강렬하다

스'와 '애플'이라는 브랜드, 그리고 '아이팟' '아이폰'이라는 후속 브랜드 전부가 사람들의 입에 오르내리며 또다른 이야기와 트렌드를 만들어가고 있다. 스티브 잡스라는 한 명의 철저한 노력파 공돌이(그는 태어나면서부터 우리가 소위 이야기하는 '천재' 또는 '엘리트'는 절대 아니었다. 하지만, 사람들의 머릿속에 '천재'라는 개념을 새롭게 정의시켜 스스로 '천재' CEO가 되었다.)의 이야기는 2011년 안타까운 그의 사망으로 일단락 되었다. 그러나 캘리포니아 주 팔로알토에 위치한 그의 분신인 '애플'의 한 사무실에서 수많은 디자이너, 애니메이터, 예술가, 공돌이 들과 함께 세상을 또 한 번 놀라게 할 또다른 이야기를 준비할 것이다.

과거 매년 초에, 스티브 잡스는 '맥월드MacWorld'에서 수많은 바이어와 기술 전문가, 세일즈맨 등을 모아놓고 겸손하게 한 해를 놀라게 할 선물을 들고 나타났다. 그는 사람들이 기억하는 할리우드의 전설적인 거장들처럼 관객의 시선 및 숨소리마저 한 번에 사로잡는 극적인 연출에 대한 본능적인 감각을 갖고 있었다. 어두운 장막이 내려오고, 조명이 꺼지면 그의 '애플'에서는 또다른 이야기가 시작되고, 손끝에서 세상을 놀라게 할 제품들이 나타난다. 청바지와 검정색 셔츠라는 허름한 겉모습과 달리, 가슴 속에는 혁신을 향한 뜨거운 불길이 꺼지지 않는 시대 최고의 공돌이 CEO인 스티브 잡스. 당신이 만약 공돌이라면 그와 함께 살았던 동시대에서, 그가 역사를 만들었던 현장을 주목하며, 그를 롤모델로 삼고 배울 수 있으니 이 어찌 참으로 다행스럽고 행복한 일 아닌가.

> 무언가를 철저히 이해하기 위해서는 열정적인 노력이 필요하다. 그러나 그만큼 노력하는 사람은 별로 없다. -스티브 잡스

상상하는 바로 그곳까지 현실이 된다
'잠재력'과 '상상력'

　인간이라는 존재가 동물과 구별되는 큰 특징 중 하나는 상상력을 가지고 있으며 그 상상력의 크기에 따라 잠재능력이 무한히 발휘될 수 있다는 점이다. 얼마 전 유명한 모 TV 광고 속에서 S에너지 기업이, "중국이 발전하면 엄청난 양의 물동량이 발생할 것이므로 그에 따라 중국 각지에 아스팔트를 까는 일을 도맡겠다"는 도전적 광고를 내세워 매스컴에 홍보한 일이 있다. 이것은 어느 한 기업의 기발한 상상력의 역량을 보여주는 한 예라 할 수 있다. 모두가 불가능하리라고 생각했던 것도, 또는 모두가 생각지도 못한 일도, 결국 상상하는 자만이 그곳을 발견하고 도달할 수 있다. 인간이 상상할 수 있는 바로 그곳까지 현실은 따라간다. 프랑스의 시인이자 비평가, 사상가인 폴 발레리는 다음과 같이 말했다.

"생각하는 대로 살지 않으면, 사는 대로 생각하게 된다."

생각의 중요성, 상상력의 중요성을 이야기한 것이다. 몸 가는 대로, 무책임하게 현실에 생각 없이 나를 맡긴다면 내가 꿈꾸는 현실이 눈앞에 일어나기는커녕, 현실 속 다람쥐 쳇바퀴에 안에 갇혀진 자신을 발견하기 십상이다. 성공학의 대부, 나폴레온 힐은 그의 저서『성공의 법칙The law of success』에서 이렇게 말했다.

"인간이 가지고 있는 정신의 작업장인 상상력의 힘은 무한하다. 자신의 상상력을 가지고 해낼 수 있는 가장 효용성이 크고 위대한 일은 기존의 사고를 새롭게 결합시키는 일이다. 만약 자신의 상상력을 적절히 이용한다면 실패와 실수도 무한한 가치를 지닌 자산으로 바뀔 것이다. 상상력을 이용하는 사람만이 알 수 있는 진리를 종종 발견할 수 있을 것이다. 다시 말해 인생의 가장 커다란 불행과 고난은 종종 황금 같은 기회의 문을 열어주는 열쇠가 된다."

꿈을 꾸지 않는 젊은이는 죽은 목숨과 다름이 없다고 했다. 상상력이 없는 사람은 스스로를 특별하게 만들 수 없다. 자신만의 상상력으로 고유의 독특한 이야기를 매일 써나간다고 생각해보라. 아무리 느릿느릿 인생을 사는 것 같아도, 매순간이 박진감 있게 느껴질 수 있다. 그것은 자신이 주도적으로 인생에 대한 꿈을 꾸고 있느냐, 즉 이야기를 직접 쓰는 느낌으로 살고 있느냐, 아니면 남의 각본 안에서 조연처럼 살고 있는가에 달려 있는 것이다.

20세기 최고의 희극 배우, 찰리 채플린은 우스꽝스럽고 뒤뚱거리는 걸음걸이와 코믹한 바지로 1년에 100만 달러를 벌어들였다. 그것은 그가 무엇인가 색다른 것을 하였기 때문이다. 극적인 방향으로 자신을 재정의함으로써 당신도 타인과 구별될 수 있다. 철강왕 앤드류 카네기는 세상을 깜짝 놀라게 할 재주나 천재적인 능력은 없었지만, 상상력 하나만큼은 풍부하였다. 그는 우선 명확한 목표를 설정하고 이를 현실화할 능력을 갖추고 있었다. 자신의 청사진에 맞게, 적합한 사람들을 적합한 위치에 영입하여 데려왔다. 심지어 명확한 기업 목표 달성을 위해 필요한 계획 또한 카네기 자신이 세운 것이 아니라 한다. 그는 자신이 원하는 것을 잘 정의해줄 수 있고, 이를 자신보다 더욱 잘 계획을 세워줄 사람을 찾았다. 그리고 위임했다. 왜냐하면 그것이 가장 카네기가 잘할 수 있고, 자신 있는 일이었기 때문이다. 오직 자신의 공헌 가치는, 특기인 상상력에만 두고, 나머지는 자신보다 월등한 주위 사람들을 부림으로써 스스로 위대한 기업가로 자연스레 성장할 수 있었다.

 무엇보다 지적 능력을 기반으로 유무형의 가치를 창출해내는 공돌이에게는 이 '상상력'이라는 능력이 매우 중요하다. 당신이 만약 상상력이 나름 풍부하다면, 보다 더 변화로 거듭나기 위한 가능성이 월등히 높은 공돌이라고 말할 수 있다. 세상을 놀라게 하고, 사람들의 필요를 채워주는 혁신적인 제품과 서비스는 책상 앞에서 논문을 들이파고, 저널 기삿거리를 뒤적거린다고 해서 절대 나타나지 않는다. 상상하는 자만이 혁신적인 아이디어의 주인이 될 수 있다. 끊임없이 아이디어를 두려움 없이 쏟아내고, 노트, 쪽지, 심지어 냅킨 등에 적어내는 등 꼬리에 꼬리를 무는 복잡한 머릿속의 스무고개 싸움을 계속해야 상상력에서 시작한 아이디어가 멋진 현실로 다가올 수 있는 것이다. 국내외를 막론하고 성공하는 기업의 유명 CEO들은 점심을 기다리는 순간, 또는 잠시 짬을 내어 커피를 한잔 여유롭게 즐기는 그 순간에도 찻잔 옆 냅킨에 끊임없이 메모하는 것을 즐긴다 한다. 그들은 언제나 그치지 않고 샘솟는 상상력이 머릿속에서 이미지로 사그라지지 않고, 계속해서 눈앞에 드러나도록 하는 습관을 가지고 있는 것이다.

이제는 노동력의 양적 투입 및 자원 투자가 결코 조직의 성장 및 수익 창출을 보장하지 않는다는 것을 많은 기업과 연구소 들이 깨닫기 시작했다. 그들은 혁신은 곧 상상력에서 비롯된다는 것을 인지하기 시작했고, 수많은 선진 혁신 성공사례들이 해외에서, 국내에서 증명되어 쏟아져 나왔다. 오랫동안 대다수의 기업과 연구소는 그저 연구개발 인력은 몰아붙이면 된다고 주먹구구식으로 고집해왔다. 하지만 이제는 구시대적인 인력 관리 방안에서 벗어나, 성장과 도약을 꿈꾸는 많은 기업이 R&D 인력 자원, 즉 공돌이의 '상상력 씨앗 키우기'에 눈을 돌리고 집중하기 시작했다.

한 조직의 소중한 브레인으로 자리할 공돌이에게는 논리력, 분석력도 개인 역량으로 중요하지만, 더욱 중요한 것은 지칠 줄 모르는 상상력으로 아이디어를 내고, 실험실 안에서 모델을 만들어 현실감을 바탕으로 실현가능성을 잡아보는 노력을 하는 것이다. 처음 머릿속에서 갓 생산된 아이디어는 물론 따끈따끈한 상상력의 결정체임에도 불구하고, 사람들에게 비웃음을 살 수도 있고, 매몰차게 땅 속으로 매장될 수도 있다. 실제로, 공돌이들이 평균 백 가지의 아이디어를 낸다면, 그중에 가치 있는 혁신적 아이디어로 손꼽힐 수 있는 것은 1퍼센트 미만에 불과하다고 한다. 하지만 상상력과 열정이 가득한 공돌이라면, 지치지 않는 발상으로 수백 개의 아이디어의 1퍼센트를 쌓아낼 수 있는 기발한 아이디어를 생산해내야 할 일이다.

처음 모토로라에서 무선으로 사람들이 음성으로 통신할 수 있는 기기를 만들자는 아이디어가 나왔을 때, 사람들은 세상에 어떻게 그런 물건이 존재할 수 있겠냐며 개발 연구원들을 미치광이 취급했다. 아무도 그런 제품은 구입하지 않을 것이라고 했다. 하지만 지금 우리가 사는 세상은 어떤가. 무선으로 음성뿐만 아니라 영상 및 각종 데이터 정보를 손안의 단말기로 송수신하는 것이 가능해지지 않았는가. 휴대전화 없는 세상은 감히 상상할 수가 없다. 한 연구원의 아이디어가 말 그대로 세상을 통째로 바꾸어버린 것이다.

또다른 예로, 팝 역사상 최고의 밴드그룹이라고 불리는 '비틀즈Beatles'가 처음 음반을 가지고 세상에 나왔을 때 모든 기자, 평론가 들이 이 따위 음악을 도대체 누가 듣느냐며 평가 절하했다. 그러나 이후에 비틀즈는 기존의 팝 역사를 뒤바꾸는 혁신의 깃발을 빌보드차트 1위에 꽂았고, 역사상 인기가 가장 많았던 최고의 밴드로 자리매김했다. 그들이 최고의 전성기를 누렸던 1960년대 이후, 50년이 지난 지금까지도 한국인이 사랑하는 팝 베스트 10위 안에는 그들의 음악이 여러 곡 자리한다.

우리나라 벤처 1세대라고 자타가 공인하는 안철수 교수는 첫 바이러스 퇴치백신을 만들 때 심지어 공돌이 출신도 아니고 의과대학에서 공부하던 중이었다. '사람도 아닌 기계에 바이러스가 들어오다니?'라는 단순한 화두에서 출발한 호기심이, 의사로서 사람의 생리를 꿰뚫는 직업의식과 책임감으로 이어졌다. 그리고 그것은 바로 독특한 상상력으로 이어졌다. 그는 의사로서의 승부근성을 엉뚱하게도 생명 없는 컴퓨터에 걸었던 것이다. 그는 밤을 새워서 컴퓨터의 기본원리부터 공부하여 자신의 망가진 컴퓨터를 치료해보자는 생각과 노력을 하기 시작했다. 즉 기계를 인간과 동일하게 매칭해서 생각해보는, 무모해보이면서도 단순한 상상력을 가지고 전세계 백신의 역사를 뒤바꾸는 일을 벌이기 시작했다. 그리고 얼마 지나지 않아, 그가 세운 기업 '안철수연구소'를 미국 경쟁 기업인 '맥아피' 사가 1천만 달러(한화 120억 원)에 매입하겠다고 제안할 정도로 당당한 거물로 키워냈다. 물론 그는 그 제안을 일언지하에 거절했다.

또한 스티브 잡스가 세상에 매년 공개하는 놀라운 상상력의 산물들은 어떠한가. 그는 세상에서 가장 얇은 노트북을 꿈꿨으며 그것은 곧 '맥북 에어MacBook Air'라는 최초로 CD 드라이브가 존재하지 않는 초경량, 초슬림 노트북으로 이어졌다. 그의 상상력은 단순했다. 결코 복잡한 것이 아니었다. 그는 노란색 서류봉투에 들어가는 노트북을 만들고 싶었다. 매년 수천 명의 IT 전문기자와 딜러들을 모아놓고 신제품을 공개하는 연초 맥월드 행사장에서 그는 결국, 그의 꿈대로 노란색 서류 봉투 안에서 그의 상상력의 산물, '맥북 에어'를 끄집어냈다. 수백 명의 사람들이 기립하며 열광했다.

상상력이란 이런 것이다. 사물을 아주 단순하게 바라보기 시작하면서, 이제껏 당연하리라 생각되어왔던 하나의 원리와 현상에 과감히 질문을 던지는 것이다. 머릿속에서 단순한 뿌연 이미지만을 가지고 있더라도 그것을 용기 있게 밖으로 내놓고 빛을 쪼여가며 고민하기 시작하는 것이다. 상상력으로 충만한 사람은 한편으로 두려움 없이 그 생각을 실천으로 바로 옮기는 행동가라고도 볼 수 있다. 상상만 하다가 끝난다면 그는 한낱 백일몽을 꿈꾸는 공상가에 불과하다. 두꺼운 공학책 속 공식을 기계적으로 정확하게 풀어내는 것만이 공돌이의 진가를 평가하는 독보적 재능이 아님을 깨달아야 한다.

　기계적으로 하나의 행동을 반복적으로 수행함으로써 얻게 되는 노하우를 가진 사람을 우리는 '테크니션Technician'이라고 한다. 테크니션의 가치는 얼마나 짧은 시간 안에 반복적으로, 동일한 품질의 결과를 창출해내느냐에 있다. '테크니션'의 '테크네Techne'라는 단어는 라틴어로, '반복적으로 수행하여 전문 장인 수준의 능력을 가지는'이라는 의미를 가지고 있다. 테크니션과 엔지니어의 차이점은 바로 상상력으로 그려낸 하나의 아이디어로 이전까지는 존재하지 않았던 무언가를 눈앞에 옮겨낼 수 있는냐 없는냐에 달려 있다. 끊임없이 주절주절 그려내고, 적어내고, 낙서하며, 또 다수의 사람들과 나누면서 자신의 아이디어를 발전시켜라. 아이디어라는 것은 하나의 관념처럼 보이지만, 실제로 살아 있는 무형의 생명체와 같다. 누군가의 머릿속에서 나온 하나의 작은 아이디어는 수많은 사람들의 의견을 덧붙여가며 정말로 서서히 '실체'를 드러내게 된다. 실제 학교나 기업 내의 소규모 조직 안에서 '브레인 스토밍'을 해본 이들은 이에 충분히 공감할 수 있을 것이다.

실제 세계에서 브레인 스토밍을 가장 잘하는 조직은, 미국 팔로 알토에 위치한 아이디오IDEO라는 디자인 회사이다. 세계에서 가장 엉뚱한 상상력으로 세상을 놀라게 할 제품을 매일매일 만들어 내는 이들이 모인 곳으로, 이곳은 산업분야를 막론하고 번뜩이는 아이디어로 조금씩 세상을 바꾸고 있다. 이들은 일 자체를 신나는 놀이와 장난으로 생각한다. 우리가 일반적으로 가지는 선입견으로 상상력이 풍부한 이들은 왠지 아무렇게나 옷을 차려입은 외골수고 혼자 어두운 방에 머물러 있는 것을 좋아할 것 같지만 아이디오 그룹의 직원들은 항상 열정적인 팀 구조로 일을 함께한다. 팀을 짜서 회사 안에서 말 그대로 '장난'을 한다. 그들은 끊임없이 손을 놀리고, 그림을 그리고, 현장에 나가서 뛰면서 자신의 상상력을 맘껏 현실화시킨다. 이들은 창조적이고 강력한 팀워크를 바탕으로 삼성, 애플, 마이크로소프트, P&G 등 일류기업에 상상력으로 차별화된 세계 최초의 물건을 제공한다. 언제나 꼭 손에 쥐고픈 애플 마우스를 비롯해 폴라로이드 카메라, PDA 등 각종 히트상품을 끊임없이 선보였다.

혹시 방 안에서 몇 시간이고 앉아서 레고블록으로 희한한 모양의 조형물을 만들어내는 아이를 본 적이 있는가. 우리가 보기에

좋은 디자이너가 되기 위해서는 전문적인 디자인 기술은 물론이고 세상을 잘 관찰해야 합니다. 많은 사람이 서로 다르다는 것을 알고 각자 어떤 점을 느끼는지를 잘 이해해야 합니다. -팀 브라운

는 그것들이 집중력 없고, 보잘것없는 행위처럼 보이지만, 천진난만한 꼬마 아이들에게는 레고블록으로 자신들의 상상력을 현실화시키는 하나의 기막힌 놀이이다. 그들이 조형물을 가져와서 각각의 기능과 명칭을 설명할 때를 보면 그들의 기발한 생각에 탄성이 절로 나올 때가 많다. 아이들은 그만큼 절대적인 지식과 원칙 아래에 자신의 생각을 가두지 않고, 맘껏 자유롭게 생각하기 때문일 것이다.

공돌이는 사물을 볼 때마다 그 이면에 존재하는 동작 원리를 본능적으로 먼저 이해하고자 한다. 예를 들어, 흰색 머그컵을 누군가가 당신 손에 쥐어줬다고 가정해보자. 이제 상대방이 머그컵을 쥔 당신에게 그 컵에 대해서 설명해달라고 할 때, 당신은 무엇을 얘기할 것인가. 공돌이는 십중팔구, 그 컵의 외형적 구조를 설명한다. 한 번 가까운 공돌이 친구에게 시험해보라. "손잡이는 컵의 가운에 위치에 달렸고, 컵은 무겁고, 던져도 깨지지 않을 것 같고, 재질은 점토 같고, 색깔은 희고……."

그러나 상상력이 풍부하거나, 감성적인 사람이라면, "컵의 재질이 보드라운 느낌을 주며, 커피가 가득 담겼을 때 매우 분위기가 잘 어울릴 것 같으며, 매끈하고 따뜻한 이미지를 가지고 있어서 언제나 차를 담아서 가지고 다니고 싶다."라고 설명할 것이다.

이렇듯 공돌이의 사물을 보는 시각 자체가 후천적으로 훈련된 까닭도 있겠지만 일반인들과 사뭇 다르다. 때로 그것은 삭막해보이고, 냉정해보이겠지만, 매우 전문적인 노하우와 설명을 필요로 할 때에는 공돌이의 그러한 냉철한 시각이 매우 주목을 받는다. 그러한 시각이 풍부한 상상력과 잘 융합되어 보완이 된다면 더욱 빛을 발할 것은 자명하다.

어린아이의 시각, 여성의 감성, 그리고 괴짜의 시선으로 세상을 바라보는 연습을 하라. 공돌이에게 너무나 익숙한 'Why?'라고 묻는 것에서 잠시 손을 떼고, 'Why not?'이라고 한 번 생각해보자. 덧붙일 것을 생각하지 말고, 잘라내고 제외할 부분들을 거꾸로 생각해보자. 상상력이란 충분히 훈련되고 성숙될 수 있는 것이다. 필자는 공돌이가 어깨와 눈에서 힘을 빼고 여유로운 시선으로 세상의 원리를 뒤집어보는 발칙한 생각을 종종 해보길 원한다. 만일 현재 공돌이로 졸업 논문 테마를 빠듯하게 구하고 있는 중이라면, 또는 연구소 및 기업에서 새로운 사업 아이템을 찾고 있는 중이라면 그만 선배들의 후임거리를 찾지 말고 신선한 시도를 한 번쯤 해보길 권한다. 당장 떠올렸을 때 직장 상사 또는 지도 교수님한테 왠지 욕을 먹을 것 같은 그러한 발칙한 아이디어, 그것이 바로 당신이 걱정하고 있는 미래를 뒤집어놓고, 나아가 세상을 뒤집어놓을 수 있다.

그들에게만 축복받은 선물, 모델링
단순하게 핵심만을 전달하라

요즘은 공돌이가 자산관리, 펀드매니저, 보험 및 금융상품 설계 등 금융계에서 특별히 주목을 받는 시대다. 그것은 아마도 그들이 세상 물리를 설명하는 테이블의 숫자나 공식에 언제나 강인하게 훈련되어 왔기 때문에, 다른 산업계의 사람들도 공돌이의 특수한 역량배경만큼은 인정해주기 때문인 것 같다. 하지만 무엇보다 공돌이가 그러한 분야에서 새롭게 주목을 받기 시작한 것은, 공돌이의 독특한 '모델링에 강한 사고능력' 때문일 것이다. 모델링이란 현실 세계에서 일어나는 어떠한 현상을 이해하기 쉽고 간단하게, 반복적으로 재현 가능하도록 다른 하나의 체계를 만들어내는 것을 말한다.

쉽게 설명을 돕자면, 예를 들어 우주비행사나 전투기 조종사들이 실제 비행 중에 발생할 수 있는 다양한 위험 상황에서의 대처능력을 훈련하기 위한 비행 시뮬레이터가 대표적이라 할 수 있다. 현실에서 충분히 일어날 수 있는 여러 상황의 변수들을, 컴퓨터가 다시 재현해내고 컨트롤할 수 있도록, 현실과 가까운 가상의 모습으로 구현해내는 것이다.

공돌이는 천성적으로(혹은 후천적으로 강력하게 학습되어) 이러한 모델링을 자연스럽게 수행하는 데 익숙하다. 아마도, 실험실에서 고가의 실험재료를 무자비하게 낭비하지 않기 위해서, 가능한 최대로 컴퓨터 시뮬레이션 툴로 충분히 연습하고 실전에 뛰어드는 훈련과정을 많이 거쳤기에 그럴 수도 있다. 현실에 맞부딪힐 수 있는 여러 문제를 공돌이는 아주 냉정하고 침착하게 분석하고, 해결책을 세울 수 있는 능력이 있다. 모델링 기법을 개념적으로 아주 잘 사용하면, 현실 속에서 우리가 매일같이 마주치는 문제의 허상을 걷어내고 아주 본질적인 것만을 꿰뚫어보고 그것을 붙잡음으로써 문제를 해결할 수 있는 것이다. 기업과 조직의 경영자는 문제 해결을 위한 최선의 대안만을 가져서 배수진을 치는 것은 부족하고, 항상 차선책을 더불어 준비하여야 한다. 다른 비장의 카드를 준비해두어야 한다는 말이다.

최근 모 기업의 비공개 석상에서, 기업 조직의 고위 책임자 자리에 새로 부임한 경영자가 벼랑 끝 배수진을 친 자세로 조직을 경영하겠다는 부임 인사를 듣고 경악을 금치 못했다. 수장을 따르는 조직 내 수많은 사람들은 그 포부를 듣고, 이를 악물고 헝그리 정신으로 일을 해야겠다라는 생각을 했을까, 아니면 이거 이러다가 자칫하면 깡그리 죽겠구나라는 생각을 먼저 했을까. 조직의 존속 및 성장에 사활을 걸겠다라는 것은, 목숨 걸고 불나방처럼 뛰어들겠다는 것이 아니라 혹시 모르는 제2의 대안, 제3의 대안을 현명하게 준비하겠다는 것이다.

앞에서 현실을 늘 수식과 공식에 맞추어서 고지식하게 생각하는 공돌이의 단점을 지적했다. 복잡한 현실에서 거추장스러운 군더더기를 탈탈 털어내고, 문제를 아주 간략하게 모델링하는 능력은 매우 필수적이다. 수백만 달러의 빅딜 협상에 나서는 위대한 협상가들은 언제나 협상의 본질을 캐치하여 따로 모델링해두고, 이런저런 변수를 넣어가며 1안, 2안, 3안 등의 대안을 준비해둔다. 아무런 준비 없이 그저 멍하니 문제가 흘러가도록 하는 것만큼 바보스러운 실수는 하지 말자. 긍정의 힘이라는 변명으로 뒤집어씌우기에는 그러한 실수는 오히려 현실 도피라 말할 수 있다.

실력 있는 컨설턴트는 고객들을 많이 만나면서 그들과의 인터뷰를 통해 정보를 수집하고, 공식 또는 비공식적으로 접하는 주요 물밑 정보들을 수집하여, 하나의 거대한 '고객 전달 가치 모델러'

를 만든다. 군더더기 없는 표현과 수식으로 명확하고 깔끔하게 고객에게 해결 방안을 제시하고, 그 기대효과를 손에 잡히도록 설명한다. 뛰어난 수식 감각과 탁월한 논리 분석 능력을 활용하면, 공돌이가 자신의 몸을 던져 공헌을 할 수 있는 분야는 지천에 널려 있다. 이제는 어느 조직 또는 기업에 있든, 조직과 기업에 대응하는 고객 또는 파트너 들이 더욱 똑똑하고 현명해져가고 있다. 사람들 사이에서도, 말도 안 되는 억지보다는 합리적이고 윈-윈하는 관계가 더욱 바탕이 되어갈 정도로 현대인들은 똑똑해져가고 있다. 모델링이 기반한 의사 결정 없이 무작정 현실에 뛰어들지 말자. 이성적으로 상황을 아주 심플하게 모델링하고, 그 안에서 문제의 본질을 잡는 이가 곧 원인을 파악해내고, 문제를 극복한다. 항상 예비 카드를 준비하여, '만약'이라는 변수가 발생할 때 발 빠르게 대처한다.

  본 챕터에서 '모델링'이라는 단어를 언급하였을 때, 학부 시절 딱딱한 '수치해석' 과목의 머리 아픈 모델링 기법을 떠올린 이가 있다면 그 좁은 편견과 범위를 과감히 깨부술 필요가 있다. 현실에서는 복잡한 공학수학 방정식보다 오히려 한 문장으로 요약될 수 있도록 모델링된 명쾌한 논리가 세상을 지배하는 경우가 많다. 아무리 이 문제, 저 문제에 휘말려 우왕좌왕할지라도, 본질을 꿰뚫는 시야가 없으면 한눈을 팔고 중요한 것을 놓친다. 한번 더 가다듬고, 가다듬어서 늘 핵심만을 요약하는 연습을 해야 한다. 그

아이디오 사무실 천장에 걸려 있는 자전거.
출퇴근하는 직원들이 보관할 곳이 마땅치 않아 낸 아이디어다.

렇게 핵심을 모델링하여, 아주 간단한 비유를 통해서 또는 간단한 구조로 이슈를 설명하고 대안을 내놓도록 하라. 수많은 사람들은 그 간단한 논조에 성의가 없다고 비웃기보다는 명쾌한 논리에 박수를 보내고 자신이 충분히 이해되었다는 감동의 시선을 당신에게 보낼 것이다.

공돌이들은 PC 안에서 손쉽게 연구과제 및 아이디어 등을 모델링할 수 있지만, 실제로 모델링의 위대한 가치는 눈앞에 보이는 어떠한 형태, 즉, 프로토타입Prototype으로 형상화되면 더욱 빛을 발한다. 창의적 인재들이 한곳에 모인 세계적인 집단, 아이디오 그룹은 언제나 아이디어를 낼 때 그것을 형상화할 수 있도록 아이디어를 모델링하는 것으로 유명하다. 고객에게 신제품에 대한 아이디어를 과감히 설명할 때도, 그들은 프로토타입을 들고 들어가서 아이디어가 살아서 꿈틀대는 현실을 고객의 손에 쥐어준다.

프레젠테이션의 천재라는 스티브 잡스를 다시 한 번 예로 들어

스티브 잡스가 서류봉투에서 맥북 에어를 꺼내며 프레젠테이션하고 있다.

보자. 그는 언제나 자신의 신제품 프레젠테이션에서 세상을 놀라게 하는 자신의 제품을 가장 이해하기 쉬운 형태로 형상화해서 수많은 영업맨과 고객 앞에서 보여준다. 그는 세상에서 가장 작은 MP3 플레이어, 아이팟 나노를 프레젠테이션 도중 청바지 동전주머니에서 꺼내면서 그 크기가 얼마나 작은지를 실감나게 보여주었다. 또한 세상에서 가장 얇은 노트북 맥북 에어를 서류 봉투에서 꺼내면서 얼마나 가볍고 얇은 노트북인지를 효과적으로 보여주었다. 또한 세상 사람들이 가장 사랑하는 스마트폰, 아이폰을 들고 나와서 자신이 서 있는 프레젠테이션 쇼 현장의 위치를 찾아주는 어플리케이션을 선보이며 사람들의 시선을 사로잡았다.

사람들은 눈에 보이는 것에 약하다. 우리는 물론 정말 좋은 것들은 언제나 상상 속에 있다는 것을 알고 있지만, 이제는 그것을 과감히 먼저 현실로 끌어내놓고 움직이는 자가 승리를 한다. 아이디어가 필요한가? 주의를 한 번 바라보라. 아주 단순하게. 그리고 그것의 핵심을 따와서 자신만의 방법으로 모델링하라. 그리고 마지막으로 프로토타입을 하나 만들라. 그럴 때 아이디어는 말 그대로 호랑이에 날개를 단 격과 같게 된다. 화이트보드 앞에 서서, 2D 도면으로 아이디어를 부끄러이 그리는 것보다 간단하게나마 눈앞에 보여지는 프로토타입 모델을 만들면 당신의 아이디어가 타인들에게 집중되고, 주목될 가능성이 훨씬 높아진다.

필자가 모 기업의 연구소에 있을 때, 실제 프로젝트 연구비를 따내기 위하여 신규 프로젝트를 끊임없이 컴퓨터 시뮬레이션으로 모델링하고, 그것을 애니메이션으로 보여준 적이 있었다. 하지만 사람들은 그 아이디어에 만족해하지 않았고 내가 이윽고 좀 엉성하고 우스꽝스러워 보이지만, 하나의 실물의 제품으로 그것을 내보였을 때 그제서야 아이디어에 동의했던 적이 있다. 이후에, 그 아이디어를 활용한 신규 프로젝트를 위한 연구비를 타낼 수 있었던 것은 두말할 것도 없다. 당신이 공돌이라면 자신 있게 현실을 모델링할 수 있다는 것에 자신감을 가지고, 그 역량을 더 키워야 한다.

언제나 군더더기를 털어내고 핵심만을 전달하도록 자신의 논리를 날카롭게 가다듬고 고민하라. 필자가 '모델링'이라고 글의 초반에서 언급했을 때, 어떤 다각입체의 이미지를 떠올렸다면 당신은 십중팔구, 후천적으로 훈련이 아주 잘된 공돌이임이 분명하다. 공돌이이기 때문에 타인들과 달리 누리는 특혜가 분명 여러 가지 있다. 분석적이고, 군더더기를 싫어하고 효율성을 중시하는 습관은 아주 중요한 무기임이 분명하다. 무기인 그 날카로운 칼을 어디에 쓸 것인지를 결정하는 데 필요한, 현실 모델링 능력을 개발하라. 독수리처럼 높은 하늘에서 전체를 아우르며 남다른 시선으로 세상을 보고, 맹수의 눈처럼 날카롭게 사물의 핵심을 꿰뚫어보는 습관을 가지라. 어느 나른한 오후 문득, 머릿속에 비껴가는 하나의 아이디어가 비로소 작은 메모지 위에서 서걱서걱 그려져나갈 때가 있을 것이다. 그때 당신은 현실을 즉시 스케치하는 모델링 작업을 수행하고 있는 것이며, 그것은 세상을 설레게 만들 또 하나의 이야기가 될지 모른다. 아무도 장담할 수 없다. 어느 날 축복처럼 내려진 하나의 직관이 당신의 운명과 세상을 움직여 왔던 오래된 원칙을 단번에 뒤바꿀 수 있다.

애플은 머지 않아 최근 세상을 놀라게 할 또 하나의 기막힌 작품을 선보인다 한다. 그들은 이제 입을 수 있는 스마트 기기 '아이워치'를 준비 중이라고 한다. 그들은 아이팟과 이이폰의 디자인과 기능을 그대로 손목에 채울 수 있도록 아주 작고 심플하게 만들었다는 소식이 전해진다. 그는 수많은 사람들의 행동과 습성에서 무엇을 발견하였을까. 이 제품이 또 어떻게 세상에 파급을 가져올지는 아무도 모른다. 그저 우리는 가슴 설레며 또 하나의 놀라운 이슈를 기다릴 뿐.

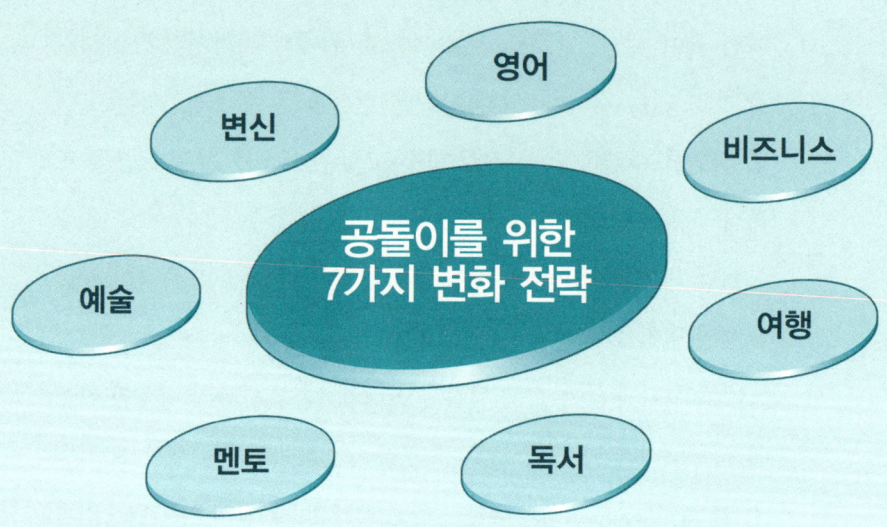

> 애벌레가 나비가 되는 과정은 역경을 딛고 일어서는 인간 승리의 과정과 유사하다. 나비는 좁다란 고치 안에서 껍질을 깨기 위해서 끊임없이 꿈틀대고, 몸을 부비면서 세상을 향해 비상할 준비를 한다. 고치 밖의 넓다란 창공을 나는 기쁨을 느끼기 위해서 지루한 시간을 보내며, 가녀린 날개의 근육을 키우고, 오랜 준비를 끝내고 기어이 하늘로 박차 오르는 것이다. 이제껏 우리를 딱딱하게만 보호하고만 있던 안정적인 껍질을 깨는 것도 나비 애벌레의 그것과 똑같다. 변화를 두려워하지 말고, 껍질 밖 세상을 더 경험해보기 위해서 과감히 껍질을 향해 손을 뻗어보자. 본 장에서는 변화에 목마른 공돌이에게 더욱 효과적인 7가지 전략을 소개하고자 한다.

> 공돌이를 위한 변화 전략 1

책 읽는 공돌이
I'm 'Bookaholic' person(독서중독자).

책을 좋아한다는 것은 진정 창조주가 내려주신 은사다. 서점에 들러 번지르르한 책표지를 만지다가 무언가 결심을 한 표정으로 반듯한 새 책을 사다가, 앞의 프롤로그만 전철 안에서 몇 번 읽고 책꽂이 고스란히 가져다 꽂아놓은 경험이 우리에게는 얼마나 많은가. 더구나 공학수학 문제 하나 더 풀기 바쁜 우리 공돌이들은 언제 시간을 내어 양서를 읽어낸단 말인가.

요즘과 같은 시대에 1시간이고 2시간이고 가만히 앉아서 책을 읽는 것을 시간 낭비를 하는 것 같이 느껴지는 사람들이 너무나 많다. 모두가 원 클릭, 더블 클릭에 실시간으로 뜨는 검색 사이트의 가십거리를 읽기에 바쁘고, 실시간 기사거리가 바로 모든 사람들이 공감하는 대화주제가 되어가는 요즘이다. 전철 안에서도, 출퇴근 시간에 가만히 앉아 책을 읽는 이들을 찾아보는 것이 얼마나 어려운지. 해가 거듭해갈수록 우리나라 직장인의 1년 평균 독서 분량은 2권 내외를 맴돌다 더 떨어지는 추세라 한다.

"All leaders are readers"라는 말이 있다. 리더들은 언제나 틈이 나면 책을 읽는다. 미국인이 가장 존경하는 전임 대통령 '로널드 레이건'은 평생 책읽기를 자신의 최고 즐거움으로 삼았다고 한다. 그는 심지어 임기 기간 내내 아주 중요한 협상을 하러, 당시 냉전시대에 소련으로 향하는 비행기 안에서도 책을 읽으며 생각을 가다듬었고, 휴가 기간에는 여행용 가방에 책을 가득 싣고 조용한 곳으로 들어가 와르르 책을 쏟아놓고 독서 삼매경에 빠졌다고 한다.

또한, 오마하의 현인이라고 불리는 투자의 귀재 '워런 버핏'을 보자. 그가 오마하의 현인이라고 불리는 이유는 어린 시절 오마하(지역이름)의 도서관에 있는 책을 모두 다 읽어냈기 때문이라고 한다. 그는 어느 고등학교를 방문하여 후배들과 함께한 인터뷰에서, 다이어리에 미팅 일정을 잡지 않는 것이 그의 능력이라고 말했다. 자신을 위한 시간을 많이 내어 그 시간에 책을 읽고, 그 안에서 지적 유희의 감동을 즐긴다. 아주 넉살 좋고 마음씨 좋을 것 같은 할아버지, 워런 버핏은 외모와 달리, 날카로운 분석력과 결단, 미래를 내다보는 탁월한 통찰력으로 주식 투자세계에서는 정말 모든 이들이 경탄해 마지않는 롤모델이다. 그의 지혜와 통찰은 바로 쉬지 않는 독서 습관에서 나온다고 해도 과언이 아니다. 그는 어느 강연에서 "앞으로 죽기 전에 갖고 싶은 초능력이 있다면 무엇입니까?"라는 질문에 거침없이, "책을 더 빨리 읽을 수 있는 능력이 생겼으면 좋겠다"라는 소견을 밝혔다. 우리와는 다른 수준의 독서관을 가지고 있는 그의 생각이 얼마나 대단한가.

우리나라의 저명한 자기경영·자기계발서 저자이자 강연자인 공병호 선생은 일주일에 수십 권의 책을 읽고 자신의 웹사이트에 독서평전과 칼럼을 올리고 계신다. 그의 독서방법과 독서량은 그 수준 자체가 일반인과는 차이가 난다. 방안에 따로 선생만의 서재를 마련해놓고, 시간이 나거나 휴식을 하고플 때면 그의 서재에서 장르별로 분리된 책장에서 맘에 드는 책들을 골라놓고 몇 시간이고 독서를 즐기신다. 미래에셋의 창업주 박현주 회장은 그의 저서 『돈은 아름다운 꽃이다』에서 독서에 미쳐 있던 지난날의 경험을 이야기한다. 그는 미래에셋이라는 기업을 만들어내던 그 순간, 어느 호텔방에서 수많은 책들과 함께 경제와 금융, 기업 세우기 공부에 빠져 있었다. 밥도 먹지 않고 숱한 날을 동굴 같은 호텔 방안에 은둔하면서 그는 미래를 꿈꾸었고 수많은 책들과 씨름하고 난 후, 이윽고 선물처럼 두 손에 받은 아이디어를 가지고 '미래에셋' 이라는 걸출한 금융기업을 일구어냈던 것이다.

독서를 즐기는 이는 생각의 깊이가 다르며 입 밖으로 토해내는 단어의 선택과 감각이 남다르기 마련이다. 교양서적 하나 겨우 빠듯하게 읽어내는 우리네 공돌이에게는 무엇보다도 가장 먼저 늘려야 할 것이 독서량과 독서하는 습관이다. 어느 날씨 좋은 주말, 가만히 쉬고 싶을 때, 마음이 정리가 안 되고 두서가 안 잡힐 때, 잡념이 떠오를 때 언제나 좋은 양서를 들고 가만히 집근처나 시내의 조용한 커피점에 들어가서 커피 한 잔과 함께 마냥 책을 한 번 읽어보자. 처음에는 왠지 모르게 얼굴이 가렵고, 등골이 어색해서 쭈뼛쭈뼛하겠지만 그윽한 차 한 잔과 함께 독서 삼매경에 빠지면 정말 그 매력에서 쉬이 벗어나기 힘들 것이다. 당신이 심지어 된 장남, 된장녀라고 색안경을 끼고 보았던 누군가의 모습이 바로 자신을 일컬을 수도 있는 묘한 경험을 하게 될 것이다. 부족하고 모자란 필자의 독서량과 독서에 관한 철학을 바탕으로, 필자가 읽었을 때 한껏 지적 내공의 성장을 도모할 수 있었던 양서를 몇 권 추천해보고자 한다.

자기계발서

부자 아빠, 가난한 아빠 | 로버트 기요사키 지음(황금가지, 2007)

출간 즉시 미국 베스트셀러 1위로 등극했던 자수성가 기업가, 일본계 미국인 로버트 기요사키의 돈과 부에 대한 패러다임 전환 이야기. 진정으로 현명하게 부자가 되는 노하우를 알려주며, 독자는 물질적 성공에 대한 가슴 떨리는 마인드 셋업을 할 수 있다.

생각의 부자가 세상을 이끈다 | 나폴레온 힐 지음(아름다운사회, 2001)

역사상 최고의 성공학 대부인 나폴레온 힐의 성공론의 정수를 보여주는 책. 성공을 위한 외형적인 잔기술보다 깊이 있는 내면의 성장을 도모할 수 있는 가이드를 제시한다.

나폴레온 힐 성공의 법칙 | 나폴레온 힐 지음(중앙경제평론사, 2007)

나폴레온 힐이 생애를 걸어오며 만난 수많은 부자들로부터 발견한 진정한 부자들의 특징을 총망라한 성공학의 바이블. 깊이 있는 그의 철학과 통찰력, 풍부한 실화, 예가 돋보인다.

피터 드러커의 자기경영 노트 | 피터 드러커 지음(한국경제신문, 2003)

현대 경영학의 대부 피터 드러커 박사의 21세기 지식 노동자를 위한 HOW TO 지침서. 현대를 살아가는 지식근로자가 가져야 할 자세와 인식의 변환, 자질, 자기경영의 정수를 전수하는 책. 페이지마다 꼭꼭 곱씹어야 하는 아주 깊이 있는 책이다.

성공하는 사람들의 7가지 습관 | 스티븐 코비 지음(김영사, 2007)

더이상 설명이 필요 없는 자기계발서의 명고전. 자기계발에 관심이 있다면 읽어두어야 하는 필독서. 저자는 책 전반에 있어서 변화를 주도하기 위한 개인의 '패러다임 전환'을 기본적으로 요구한다. 이외 인격의 성장을 돕는 6가지 전략을 풀어낸다.

깨진 유리창 법칙 | 마이클 레빈 지음(흐름출판, 2006)

'작은 것이 위대하다'는 메시지를 담은 경영서. 미국의 저명한 홍보 마케팅 전문가인 저자는 거대한 변화보다 오히려 사소한 것에 집중해야 한다고 말한다. 벽의 낙서를 제거함으로써 뉴욕 지하철의 심각한 범죄 발생률을 낮춘 이야기 등 무릎을 탁 치게 만드는 마인드 경영원리를 다룬다.

경영 · 경제 · 비즈니스서

좋은 기업을 넘어 위대한 기업으로 | 짐 콜린스 지음 (김영사, 2005)

'기업 성공이론'의 대가 스탠퍼드 대학교 교수 짐 콜린스의 명저. 이 책을 읽지 않고서는 기업가의 리더십, 기업 성공이론을 논할 수 없다. 현재 세상을 이끌고 있는 성공한 CEO들의 리더십을 소개하고 특성을 분석하였다. 경영자가 되고 싶다면 반드시 책장에 두어야 할 필독서.

성공하는 기업들의 8가지 습관 | 짐 콜린스 지음 (김영사, 2002)

짐 콜린스 교수의 또다른 명저. 성공하는 기업은 저마다 공통점이 있었다. 각 기업들이 흔들리지 않고 보유하고 있던 핵심 비전과 철학은 지속가능한 기업을 일구어낼 수 있던 원동력이었음을 알려준다.

프로페셔널의 조건 | 피터 드러커 지음 (청림출판, 2001)

시중의 흔한 자기계발서가 뻔하고 질린 공돌이라면, 또는 아주 깊이 있는 경영서의 정수를 맛보고 싶은 이라면 꼭 읽어야 할 책. 21세기 경영자가 반드시 알고 있어야 할 프로페셔널의 조건 및 특징에 대해 깊이 있는 통찰과 지식으로 설명해준다.

피터 드러커의 마지막 통찰 | 피터 드러커 지음(명진출판, 2007)

피터 드러커의 책은 어렵다. 그러나 한 페이지를 읽고 나면, 경영서 수 권을 읽어낸 것과 같은 깨달음과 감동이 있다. 피터 드러커 박사가 죽기 전에 그의 모든 경영철학 정수를 인터뷰하여 남겨 기록한 피터 드러커판 경영도서의 결정체다.

보랏빛 소가 온다 | 세스 고딘 지음(재인, 2004)

괴짜 마케터, 세스 고딘 교수의 흥미로운 마케팅 이야기. 사람들의 관심을 이끌고, 시선을 주목하게 만드는 것에는 뭔가 남다른 게 있다는, 'Remarkable'한 것에 관한 마케팅 이야기. 사진과 곁들여져 아주 이해가 쉽고 재미있다.

마케팅 불변의 법칙 | 알 리스, 잭 트라우트 공저(비즈니스맵, 2007)

이 시대 마케팅 분야의 절대 고수 두 사람을 들라면, 알 리스와 잭 트라우트를 손꼽는다. 책은 급변하는 시장 트렌드 속에서 불변하지 않는 절대 마케팅 불변의 법칙들을 소개한다. 마케팅 업무를 처음 시작하거나 이제 막 관심을 가지게 된 이들은 먼저 이 책을 읽어라.

회계학 콘서트 | 하야시 아츠무 지음(한국경제신문사, 2008)

공돌이에게 웬 회계학? 이라 말할 수도 있겠지만, 세상에 이렇게 쉬운 회계학 책도 없다. 일본에서 베스트셀러에 올랐던 회계이론 스토리. 재미있는 비즈니스 이야기 안에서 아주 쉽게 회계를 설명해주는, 독서 후 정말 뭔가 지식이 알차게 남는 도서.

협상의 법칙 | 허브 코헨 지음(청년정신, 2004)

이 시대 협상의 제왕이라고 일컬어지는 허브 코헨 박사의 협상 이야기. 기본적인 협상의 이론과 적용 법칙을 기초부터 알기 쉽게 설명한다. 상하로 나누어진 이 책을 읽고 나면 백화점에서도 물건 값을 충분히 깎을 수 있는 능력이 생긴다.

블루오션 전략 | 김위찬, 르네 마보안 공저(교보문고, 2005)

출간 이후, 국내 기업의 관리자에게 필독서로 추천되었다. 피 튀기는 유혈 경쟁시장을 벗어나 여유로운 틈새시장을 개척하기 위한 방법을 제시한다. 가뭄의 단비와 같은 도서로 새로운 가치를 발견하는 데 목마른 경영인에게 영향을 많이 끼친 가이드라인 책이다.

마이클 포터의 경쟁전략 | 마이클 포터 지음(21세기북스, 2008)

기업 경쟁전략을 이야기할 때, 마이클 포터를 빼놓는 것은 상상할 수 없다. 기업전략의 가장 기본을 쉽게 설명한 책. 저자는 책에서 기업환경, 자사, 경쟁사, 즉 3C에 근거한 비즈니스 구성 요소 안에서의 효과적인 경쟁전략을 수립하는 방법을 설명해준다.

아웃라이어 | 말콤 글래드웰 지음(김영사, 2009)

『블링크』『티핑 포인트』로 유명해진 존경받는 창의적 경영학자, 말콤 글래드웰의 '천재'에 관한 이야기. 세상을 놀라게 한 천재의 공통점은 그다지 특별하지 않은, 아주 기본적인 근성과 노력에 기인한다는 독특한 논리를 놀라운 실험과 예로 알기 쉽게 풀이해준다.

생각의 속도 | 빌 게이츠 지음(청림출판, 1999)

빌 게이츠의 놀라운 미래 예측 능력을 알 수 있다. 책에서 소개하고 있는 미래사회의 모습, 경제적 패러다임의 전환, 인터넷의 혁명 등은 이미 다 이루어졌다. 그는 1990년 중반 당시 10년 후 지금의 모습을 명확히 예견했다. 발전적인 미래를 고민하고 있는 공돌이라면 반드시 읽어야 할 필독서.

철학

FLOW: 몰입, 미치도록 행복한 나를 만난다 | 미하이 칙센트미하이 지음(한울림, 2005)

유명한 심리학자이자 교육학자인 저자가 인간의 '몰입'에 관해 쓴 책. 인간은 가장 흥미로운 일을 할 때, 시공간을 잊고 한 가지에만 집중하는 '몰입' 상태에 이르는데, 이것이 가장 인간을 행복하게 만든다고 한다. 어떻게 하면 조금 더 행복해질지에 대한 철학적 접근이 담긴, 심오한 인간심리 분석서, 행복 정의서.

여자도 여자를 모른다 | 이외수 지음(해냄, 2007)

남자들이 반드시 한 번은 읽어야 할 책. 이 책은 우주 27차원에서 온 존재가 바로 여자라는 이야기에서부터 시작한다. 사랑에 상처받은 남녀의 영혼을 달래주는 이야기, 남자와 여자의 존재의 진실, 사랑에 관한 이야기가 멋진 삽화와 함께 담겨 있다.

화성에서 온 남자, 금성에서 온 여자 | 존 그레이 지음(동녘라이프, 2010)

사랑을 꿈꾸는, 사랑을 하고 있는 이들이 반드시 읽어야 할 책. 남녀가 가지고 있는 기본적인 인식과 본능적인 사고방식의 차이를 설명해주는 남녀 사랑 개론서이다. 지금 사랑하는 사람과 문제가 있는가? 당장 이 책을 집어들라.

전기

섭리의 손길 | 메리 베스 브라운 지음(베이스캠프, 2007)

미국인이 가장 존경하는 전임 대통령인 로널드 레이건에 관한 사실적 이야기를 담았다. 무엇보다 그의 독실한 신앙에 대한 기록이다. 하나님에 대한 믿음이 무척 신실했던 레이건의 신앙이 그의 정치적 삶의 여정에 어떤 영향을 미쳤고, 어떻게 2번에 걸쳐 미국 대통령 위치에 올라설 수 있는지를 설명해주기에, 책을 읽으며 로널드 레이건의 진실을 알 수 있다. 그의 삶에 나타나는 여러 에피소드를 읽으며 나도 모르게 그의 팬이 되었다.

미국을 연주한 드러머 레이건 | 마이클 디버 지음(열린책들, 2005)

리더십을 발휘하는 데 있어서 가장 성공한 대통령 중 하나로 손꼽히는 로널드 레이건의 정치철학과 세계관, 업적 등을 사실적으로 설명한 책. 또한 특별했던 아내 사랑 이야기도 언급한다. 인간 레이건을 이야기할 때 꼭 언급되는 1994년 레이건이 전 미국 국민에게 보내는 마지막 편지(본문 220~221쪽)도 담겨 있다. 그 편지는 레이건이 왜 위대한 커뮤니케이터로 불리는지 알게 해준다. 그는 사랑하는 사람과의 기억을 모두 지워가는 '알츠하이머병'으로 결국 인생을 마감했다.

오바마: 약속에서 권력으로 | 데이비드 멘델 지음 (한국과미국, 2008)

미국 역사상 최초의 흑인 대통령, 버락 오바마의 삶에 관한 전기 도서. 오바마만큼 유명한 그의 부인에 대한 이야기도 담겨 있으며, 그의 정치경력, 삶의 철학, 배움의 기록 등이 소소하게 기록되어 있다. 오바마라는 인간의 매력에 흠뻑 취할 수 있는 책이다.

iCon 스티브 잡스 | 제프리 영, 윌리엄 사이몬 공저 (민음사, 2005)

사생아로 태어나 20대에 백만장자가 되고 그 후 실패와 재기, 죽음의 순간까지 갔던 경험 등 드라마틱한 스티브 잡스의 삶이 잘 나타나 있다. 그가 어떠한 사람인지 알 수 있는 그에 관한 가장 자세한 전기이다. 책을 다 읽고나면 그의 열성 마니아가 되어 있을 것이다.

피터 드러커의 인생경영 | 이재규 지음 (명진, 2007)

피터 드러커에 관한 국내 전문가 이재규 박사가 쓴 새로운 '드러커 이야기'. 현대 경영학의 대부로 살았던 드러커 박사에게서 배우는 삶의 교훈을 소개한다. 90세가 넘는 나이까지 끊임없이 배우고, 다양한 지식의 범주를 넘나들기 위해 노력했던 완벽에 가까운 그의 삶의 모습을 여실하게 보여주는 책이다.

재미있는 사실을 하나 이야기하자면 책을 읽다보면 다음과 같은 신기한 경험을 할 수 있다는 것이다. 그것은 바로, 읽고 있는 책들의 메시지가 갑자기 어느 날 하나의 큰 흐름으로 합쳐지는 느낌을 받으며, 마치 자기가 읽었던 모든 책의 저자들이 왠지 한날한시에 모여서 똑같은 주제를 두고 함께 토론하다가 "자자, 우리는 이러한 주제 아래에서 이렇게 책을 씁시다." 하고 논의한 후, 인류에게 같은 메시지를 전하고자 했던 것이 아닐까라는 생각을 할 것이다. 독서를 하면 할수록 자신이 읽은 책들이 왠지 보이지 않는 하나의 끈으로 묶여 있다는 느낌을 가지는 것이다.

이 정도 수준에 이르면, 본격적으로 독서에 취미가 붙었다는 것을 의미하며, 남들보다 괜찮은 독서수준을 가졌다고 볼 수 있다. 물론 남들에게 과시하기 위해서 책을 읽는 것은 아니다. 독서를 하면 할수록(수년간 독서가들로부터 인정받은 스테디셀러 등) 보다 심도 있는 수준에서 책 안에 있는 문장들을 바라보면 '행간의 의미'를 파악할 수 있게 되다는 것이다. 그때 즈음이 되면, 더 이상 화려한 도서의 겉표지와 최신 트렌드에 따른 도서 순위 등에 흔들리지 않게 되며, 비록 먼지가 쌓여 있고 소박한 표지이지만 깊은 통찰과 지혜가 담겨 있는 정수 어린 책과 사귈 수 있다.

그러기 위해서는 여러 해 동안 사람들의 인정을 받은 스테디셀러와 고전에 집중하라. 화려한 수식어구와 자극적인 제목에 더 이상 현혹되지 말고 읽다보면 깊은 삶의 통찰력과 간접 경험이 묻어

나는 책들을 읽어야 한다. 한 단계 더욱 발전된 지적 사고 능력을 키우고 싶다면 스스로 독서한 책에 대한 평론을 올리는 것도 매우 유익하다. 최근 웬만한 인터넷 도서 구매 사이트에서는 개인이 직접 도서 평점을 매기고, 리뷰를 올릴 수 있는 SNS툴을 제공하고 있다. 그러한 SNS 공간에 솔직하게 독서한 책의 평점을 매기고, 독후감을 나눔으로써 다른 사람들과 생각을 공유하며, 또한 운이 좋다면 도서 사이트로부터 도서 구매 지원금을 받는 혜택을 받을 수도 있다. 도서 구매 사이트에서도 온라인에 적극 독서가들을 유치하고, 그들의 솔직한 평론을 바탕으로 믿음직스럽고 건강한 도서 전문 웹사이트를 만들기 위해서 온갖 지원과 혜택을 베풀고 있으니 이러한 찬스를 적극 활용해볼 것을 추천한다. 교양서 읽는 공돌이라……. 듣기만 해도 얼마나 해방감 느껴지는 이야기인가.

 책을 읽고 나서 무언가 가슴에 깊게 감동과 지혜를 남겼다고 느낄 만한 책 읽는 팁을 알려주면 다음과 같다. 필자는 예전부터 책을 읽는 것을 좋아했지만, 솔직히 그만큼이나 책을 '모으는 것'을 좋아했다고 할 수 있었다. 독서를 한다고 책을 샀지만 어느 새부터인가 나의 책장을 가지런히 새 책으로 진열, 광고하는 형태의 모습을 발견했다. 심지어 책을 읽을 때도, 종이 한 장 한 장이 구겨질까 조심스럽게 책장을 넘기고, 책을 구매했을 때 책 겉표지 하단에 매달려 있던 얇은 도서 띠지까지 떼지 않고 읽고 다녔다. 그러다가, 어느 날 문득 이것이 얼마나 한심스러운 행태인가라는 생각을 하게 되었다.

　책을 읽는 목적은 내가 그 책 안에 있는 지혜와 지식을 맛보기 위함이지, 절대 외형적으로 책을 읽음을 과시하거나, 예쁘게 책을 읽고 난 후 책장에 수집하려 함이 아니다는 사실을 문득 깨달았다. 그래서 그 이후부터는 책을 과감히 펴서 읽다가 맘에 드는 구절이 나오면 볼펜이나 색연필을 꺼내서 주욱 밑줄을 치기도 하고, 맘에 드는 구절이 있는 책은 반으로 꾸욱 접어놓고 언제든 다시 찾아서 읽고 감동을 느낄 수 있도록 했다. 또한, 나의 고민을 풀어주고, 가슴에 와 닿는 문장 또는 표현, 지혜가 있는 단락은 과감히 밑줄을 긋고 그 아래에 그에 대한 생각이나 감동한 부분을 간략히 적고, 오늘 날짜를 적었다. 그러고 나니 왠지 내가 강조하려고 밑줄 친 문장이 책을 읽은 후에도 오래도록 머릿속에 남았고, 또 그것이 싱싱하게 살아서 내게 지칠 때마다 양식이 되는 느낌을 가졌다. 시간이 좀 더 지나서, 그 책을 다시 읽어볼 때, 내가 예전에 고민을 가지고 읽다가 흔적을 남긴 부분을 보고 슬그머니 미소도 짓게 되고, 스스로 대견하게 생각하는 그런 흐뭇한 경험을 할 수도 있었다.

　물론 책을 한 권 읽어내는 데 드는 시간은 보통 책 읽는 속도보다 약 1.5배 정도 더 걸릴 수 있겠지만, 책의 핵심과 지혜가 책을 읽

닥치는 대로 읽으세요. 열 살 때 나는 오마하 공공도서관에서 투자 관련 서적을 모두 읽었습니다. 어떤 책은 두 번 읽었죠. –워런 버핏

은 후에도 오래도록 가슴속에 남아 있음은 분명했다. 책이 허름해지면 허름해질수록 책으로부터 풍기는 감동의 향기도 진해져갔다.

깔끔함과 심플함을 최고의 미덕으로 삼는 사람들이여, 제발 소심하게 보이리 만큼 책을 깔끔히 읽지 말자. 마치 전공책 보듯이 일반 교양도서도 그렇게 죽기 살기로 한 번 읽어보자. 중간/기말고사를 보기 위해서 책을 읽는 것이 아니라 정말 이 책의 메시지를 다 읽고 나서 한 문장으로 표현해보겠다는 야심찬 포부를 가지고 책을 진심으로 읽어보자. 심지어 어떤 이들은 책을 비닐로 포장하여 읽고 다니는 이들도 있는데, 비닐과 포장지를 잘라서 책을 가려 덮을 시간에 한 문장에 더욱 밑줄을 그으며 문장을 되새김질하는 여유를 가지는 것이 더욱 현명할 것이다.

필자가 위에서 공유한 방법으로 그렇게 하나씩 책을 읽어나간다면 나름 책 읽는 방법과 자신에게 맞는 독서 노하우, 책을 가늠할 수 있는 시각이 생길 것이다. 요컨대, 독서를 한다는 것은 눈에 보이지 않는 작금의 작가와 끊임없이 대화한다는 것을 의미한다. 그래서 정말 좋은 양서 한 권을 골라 정말 맛있게 읽고나면, 그 책 저자의 팬이 되어버려서 그 작가의 저서들 리스트를 뽑아서 순서대로 읽어보고 있는 자신을 발견할 것이다.

책을 읽는 것은 다이어트에도 좋다. 독서를 2시간 정도 쉬지 않고 한다고 할 때, 머릿속에 폭풍처럼 일어나는 상상과 추리력, 논리 분석 과정으로 인해 칼로리를 엄청나게 소모할 것이다.(생크림 가득 캐러멜 마키아토 한 잔과 함께 책을 읽으면 물론 그 효과를 누리지 못하겠지만) 담배는 백해무익이지만, 제대로 시작하여 끝낸 책 한 권은 평생 지적 자산이 되며, 소중한 영적 영양분이 됨을 잊지 말라.

독서를 좋아하는 사람은 대인 커뮤니케이션 능력에 능하다. 한 작가의 숱한 나날 동안의 정신적 고통과 함께 탄생한 글을 접하며 사람들을 다양한 생각, 다양한 시각에서 판단해볼 수 있는 경험을 가지게 된다. 그리고 자신의 생각을 정리해봄으로써, 삶과 지혜의 다양성을 존중하고, 그것을 커뮤니케이션에 이용할 수 있는 법을 체득한다. 모든 리더들이 훌륭한 독서가라고 불리는 그 이유가 바로 여기에 있는 것이다.

공돌이를 위한 변화 전략 2

여행하는 공돌이
익숙한 곳으로부터의 결별이 가져다주는 신선한 충격

혹자는 삶 속에서 자신이 스스로에게 줄 수 있는 최고의 선물은 여행이라고 했다. 자신의 육체가 익숙하게 머물러 있던 곳을 떠나서 과감히 새로운 곳으로 여행을 떠난다는 것은 의외로 굉장한 용기를 필요로 하며, 스스로에게 몇 가지 이상의 내려놓음을 요구한다. 껄끄럽고 귀찮게만 보이는 몇 가지 결심을 해놓고, 무작정 목적지를 떠나면 어느새 새로운 풍경을 기다리는 설레는 자신을 발견할 수 있다. 과감히 지금 당신이 발붙이고 있는 여기를 한 번쯤 무작정 떠나라. 눈감고도 찾아갈 수 있을 정도로 익숙해져 있는 학교 또는 직장과 집 사이의 그 길. 그 편안하고 안락한 즐거움에서 과감히 탈피해보자. 좀처럼 콧속에 바람을 넣기 어려운 대한민국 공돌이 라이프에서는, 상상하기 어려운 일일 수도 있지만 따지고 보면 그렇게 어려운 일도 아니다.

우리네 공돌이가 휘이 유유자적 여행을 떠나기란 정말 쉽지 않다. 그것은 표면으로 드러나는 시간 부족 및 금전적 이유 등의 구차적하고 식상한 변명들이 있기 때문이지만, 실제적으로는 우리가 스스로 놀라울 정도로 만사를 귀찮아하기 때문이고, 새로운 곳을 향한 두려움이 있기 때문이다. 인간이라는 존재가 한곳에 정착하기를 좋아하고, 안락함을 추구하는 존재임이 분명하기에 먼 곳으로 한 번쯤 훌쩍 떠나는 여행을 그리 반기지 않고, 쉬이 수용하기 어려워하는 것은 분명하다.

매년 대학생들은 방학이 다가오면, 긴 시간 동안 여행을 떠나는 계획을 세우지만, 결국엔 서울 안에서 근근히 친구들과 술잔을 기울이는 약속을 잡기만 할 뿐이고, 나른하게 도서관과 영화관에서 시간을 보내는 자신을 만나기 일쑤다. 특히 공돌이는 방학 동안에 그간 학기 중에 못한 토익 등의 수험영어와 실용 영어회화를 배우겠다고 도서관과 학원에 매달릴 것이 분명하다. 기말고사 준비하듯이 1~2개월 바짝 영어회화 수업을 하루 8시간 풀타임으로 듣는다고 절대 영어실력이 늘지 않으니, 효험 없는데 시간과 비용을 낭비하지 말고 차라리 밖으로 나가서 세상을 만나라.

직장인은 모처럼 일주일간의 휴가를 빌어도, 당장 어디론가 떠나서 새로운 에너지를 흡수해보기보다 그간의 과로로 인한 피로와 모자란 잠을 달래고자, 하루 종일 푹신한 소파와 좁다란 모니터 안의 웹을 여행하고 마는 것이 대부분이다. 여행을 가고자 하면 일단 무작정 목적지부터 정하고 보자. 가서 어떤 레크레이션을 하고, 무엇을 먹고, 어디서 자는지 등 일정이 빡빡한 스케줄을 짜기보다 과감히 목적지를 향해 여분의 비용만을 들고 일단 집을 나서보자. (제발 공돌이여, 여행 스케줄까지 시뮬레이션해서 현실의 완벽성을 구하는 공돌이 특성은 보이지 말자. 여행은 예상 밖의 에피소드들이 벌어져야 그 추억의 무게가 갑절이 되고 보람이 2배 이상이 된다.) 갑작스런 여행이 가져다주는 묘미는 놀라울 정도다. 때로는 목적지에서의 즐거움보다 목적지로 이동하는 동안 스스로에게 다가오는 예기치 못한 일들이 더욱 재밌기도 하고, 그 설렘이 새롭기도 하다.

    필자도 대학생 시절 '무작정 여행'의 매력에 빠져서, 방학 때는 카메라 하나를 들고, 여행잡지에서 우연히 본 그곳을 향해 무작정 고속버스에 몸을 실었다. 도시의 소음을 벗어나 조용한 교외에서 홀로 산책을 하며 생각을 다듬는 기분이란 이루 말할 수 없다. 조용한 음악 한 곡 들으며 아무도 쳐다보지 않고, 신경 쓰지 않는 그곳에서 지친 마음도 쉬이 뉘이고, 미래에 대한 구상도 하고, 자연과 사람을 마주하면서 넉넉한 여유를 챙겨보는 것이다. 아마도 돌아오는 버스 안에서는 꽤 괜찮은 '추억'이라는 선물을 가져왔던 것으로 기억한다. 홀로 또는 뜻이 맞는 동지와 같이 떠나는 여행은, 예기치 못한 에피소드를 남길 수 있고, 그것은 두고두고 사진한 장과 더불어 남들에게 들려줄 수 있는 흐뭇한 이야기로 평생을 같이할 수도 있는 것이다.

여행이 주는 유익 하나, 자신과 만나다

　문화생활이 전혀 없고, 세상과 뜨겁게 마주칠 일이 없는 지루하고 삭막한 일상이 전부인 공돌이에게 여행은 그들로 하여금 무거운 엉덩이를 들게 하여, 익숙한 곳을 떠나게 함으로써 괜찮은 자아의 변화를 맛보게 해준다. 먹먹하고, 답답했던 자아가 그래도 숨통이 조금 트이고 말랑말랑해져가는 느낌을 느낄 수 있을 것이다.

　호사스럽고 요란한 여행이 아닌, 소박한 떠남이 있는 그런 여행을 통해서 얻는 유익 중 첫 번째는 바로 자신과 조용히 만날 수 있는 시간을 가지게 되는 것이다. 스스로와 대화를 해본 적이 있는가? 우리 주위에 있는 수많은 소음(TV와 음악, 친구 또는 직장 상사들의 끝없는 잔소리, 농담 등)으로 인해 실제 우리는 마음 안에서 자신을 1:1로 세워놓고 진지하게 얘기해보는 시간이 거의 없다. 솔직하게 내 자신과 마주할 수 있는 시간, 나를 평가하며 진지하게 생각을 깊게 끌고 내려갈 수 있는 시간, 여행은 그런 분위기와 여건을 만들어준다.

　필자는 자신과 조우하는 매력적인 시간을 여행을 통해 종종 가졌는데, 대표적으로 직장을 다니며 일주일간 떠난 배낭여행, 중간에 회사를 옮기며 가졌던 짤막한 휴지기에 떠났던 국내 남도여행에서 솔직한 나 자신과 마주쳤던 것 같다. 해외로 떠난 배낭여행은 직장 상사로부터 따가운 시선을 등지고 떠난 터라, 비행기에 오르는 순간까지 가슴이 괜스레 무거웠지만, 육중한 비행기 동체가 무서운 속도로 활주로를 내달리다가, 공중에 몸을 띄우는 순간 기억에서 우울한 잔소리가 모조리 날아가버렸다.

그렇게 해서 떠난 곳은 동유럽 프라하와 부다페스트, 빈이었는데, 그중 가장 자신에게 집중할 수 있었고 머릿속이 텅 비는 것 같은 휴식을 가질 수 있어서 좋았던 곳은 바로 헝가리 수도, 부다페스트였다. '왕궁의 언덕'이라 불리는 유명한 부다페스트 궁전에 올라서 시내를 내려다보는 찰나, 서쪽하늘에서는 노을이 막 지기 시작하면서 도시 전체에 석양이 드리워지고 있었는데, 목구멍 아래 턱 밑까지 갑자기 뜨거운 기운이 울컥 맺혔다. 탄성이 저절로 나왔다. 그곳은 나도 모르게 눈물이 울컥 날 정도로 풍경이 넉넉하고 쉼이 가득했다. 거칠고 메마른 눈을 요즘 말로 정말 '안구정화' 시켜주는 것 같았다. 한참을 그곳 난간에 기대어 앉아서 고국에서의 내 모습과 그리고 멀리 여행을 떠나온 나를 비추어보면서, 내가 걸어온 길과 현재, 그리고 미래에 대해서 참 많은 생각을 하게 된 것 같다. 화려하고 시끄럽고 즐거운 페스티벌은 없었지만, 발로 누비는 곳마다 애잔한 헝가리 무곡이 은은히 퍼져나오던 부다페스트 골목과 그 언덕에서의 추억은 내게 가장 소중한 선물이 되었고, 내 자신에게 진정한 쉼의 가치를 알게 해주었다.

어느 뜨거운 여름날에 우리나라 남도, 보성 녹차밭과 담양 대나무숲으로 발품 여행을 떠났던 소박한 추억도 무척 행복했던 기억으로 남는다. 서울에서 6시간을 버스 타고 무작정 내려간 보성 녹차밭에서는 우리나라에도 정말 이토록 웅장하고 아름다운 자연이 있었던가 하는 감동에 한동안 그곳에서 떠나지 못하고 같은 산책로를 몇 번이나 배회했다. 정말 새파란 여름하늘에, 나를 삼켜버릴 듯한 웅장한 뭉게구름 아래에서, 새파랗게 피어나서 온 대지 가득히 구수한 향기를 뿜어내는 녹차밭에서 나는 폐 속 저 밑바닥까지 호흡이 정화되는 느낌을 가졌다. 돌아오는 길에는 담양에 들러, 죽녹원이라는 울창한 대나무밭을 걸으며 그간 지친 마음을 자연의 힘을 빌려 맑은 바람과 상쾌한 공기 속에서 탈탈 털어냈는데, 서울로 돌아오는 길에 마음이 얼마나 든든했는지 모른다. 여독으로 인해 힘들고 지쳐버렸다기보다, 여행 내내 자신과 대화를 많이 해버린 느낌에 그간의 옹졸하게 배배 꼬이고, 뒤틀렸던 심사가 뜨거운 여름날 단비를 맞은 것 같이 시원하게 풀려 있었다.

그렇게 훌쩍 떠난 여행에는 언제나 깨달음이 있었다. 타지에서 느끼는 삶의 기쁨이 있었다. 여행이라 함이, 처음에는 누구나 떠나기 귀찮고, 낯선 행태임이 분명하지만 그것은 언제나 그곳으로 향하는 버스나 비행기를 타기 전까지만이다. 익숙한 곳과 결별하는 순간, 순수한 어린아이의 소풍 가는 마음이 그대로 곧 되살아나, 설렘이 마음 한가운데 묵직하게 자리하는 아주 기쁜 경험을 하게 될 것이다.

여행이 주는 유익 둘, 내 안의 두려움과 마주하다

여행은 곧 또다른 두려움이기도 하다. 익숙한 곳을 떠나 새로운 곳으로 가는 것은, 자신의 안위를 보장할 수 없는 예기치 못한 도전에 현실적으로 직면한다는 것을 의미하기에 그것이 1박 2일이 되든, 당일이 되든 걱정이 앞서기 마련이다. 또한, 여행을 간 그곳에서 매일 같이 저녁 뉴스타임에 장식되는 심란한 사건의 주인공이 바로 내가 되면 어떡하나라는 생각에 불안감에 사로잡힐 수도 있다. 하지만, 그 불안감을 묘하게 뒤집어서 생각하면, 세상에서 자신만이 가질 수 있는 멋진 이야기를 만들 수 있는 그런 설렘의 기회가 된다. 생면부지의 사람들이 가득한 곳에서 여행을 하며 겪게 될 불편함 등과 어색한 에피소드를 생각하면 쉬이 용기를 내기 어려울 수도 있지만, 그것은 곧 자신의 두려움을 한 번쯤 이겨낼 좋은 기회로 삼을 수 있다. 처음 한 번이 어려운 법이다.

첫 번째 여행을 좌충우돌하면서 흥미진진한 이야기를 만들어내며 무사히 통과하면 그다음에는 세상 어딜 여행가도 두려움보다는 설렘으로 매순간이 기대로 가득하게 될 것이다. 주변에서 여행을 다녀온 사람들이, 대개 여행지에 관한 별다른 추억이 없고, 메마른 껍데기의 감동과 방문 증빙을 위한 사진만 남았노라고 투덜거리는 것은 그들이 아주 편안하고, 지루하게 여행을 했기 때문임이 거의 분명하다.

편안한 집을 떠난 여행지에서 마구 좌충우돌하는 횟수와 비례해서 멋지고 유쾌한 에피소드들이 마구 쏟아진다는 사실을 기억하라. 정말 여행을 즐기는 이는 구차하게 짐을 무겁게 많이 꾸리지 않는다. 입을 것, 기록할 것, 교통수단 이용 방법 등만을 챙기고 훌쩍 떠난다. 그들은 여행지에서 집에서처럼의 똑같은 지루한 경험을 절대 기대하지 않는다. 설레는 마음으로 풍광을 마주하고 싶고, 예기치 못한 타인을 만나서 이야기를 나누고 싶고, 사고의 한가운데에서 멋지고 스릴 있게 탈출하는 그런 순간들의 엮임을 꿈꾼다. 그래서 여행자들은 여행을 거듭할수록 두려움이 없이 더욱 몸과 마음을 가볍게, 정말 날아갈듯이 국내와 해외 여행지를 누비게 되는 것이다.

필자도 동유럽으로 배낭여행을 떠난 그 순간부터, 좋은 여행이 계획되어 있는지 공항에서 비행기편이 엇갈리기 시작했다. 인천국제공항에서 좌석번호와 비행기 입구 게이트 번호를 오인해서 공항 게이트 정반대 탑승구에서 여유롭게 앉아 있다가 탑승 5분 전에 실수를 깨닫고 공항 반대편으로 전력질주했다. 실수를 깨닫지 못했다면 나는 효도관광 가는 중국행 비행기에 실려서, 베이징 천안문에서 일주일간 울부짖을 뻔했다. (물론 그랬다면 더욱 황당한 에피소드로 남았겠지만.) 그렇게 시작된 나의 첫 해외 배낭여행은 아슬아슬하게 시작되어서, 오스트리아의 기차 안에서 정체 모를 빨간 버튼을 눌러서 출발하려는 기차를 잡아 세우는 에피소드의 하이라이트를 기록했다. (나중에 알고 보니 그것은 기차 양간을 분리하는 에어브레이크였다. 듣기만 해도 등골이 움츠려지는 독일 말을 남발하는 몇몇 엔지니어들이 무섭게 기차 복도를 뛰어다니고, 나는 차량을 옮겨 다른 칸에서 잠든 척했다.) 이렇듯 무작정 설레는 마음 하나 믿고 떠나는 여행지에는 잊지 못할 추억의 에피소드가 늘 방문자를 기다리고 있다.

　코미디언 전유성은 여행지를 떠나는 그 설렘이 너무 좋아서, 서울역 또는 공항에서 멍하게 앉아 있다가 다시 집으로 돌아오곤 했다고 한다. 공돌이여, 무작정 마음을 꾹 다잡고 여행지로 일단 떠나자. 두려움이라는 놈은 우리가 보란 듯이 극복해버리면 온 데 간 데 없이 사라지고, 용기라는 무기를 선물해준다. 생각보다 자신의 명은 길다고 생각하고, 젊은 날 아깝게 도서관과 유흥가에서 시간을 헛되이 흘려보내지 말고 과감히 밖으로 나가서 세상과 사람들을 만나라. 부딪혀라. 두려움 없이 몰라보게 성장한 자기 자신을 만날 것이다.

여행이 주는 유익 셋, 마음을 열다

공돌이에게 부족한 심성 중 하나는 바로 '오픈 마인드Open mind'라고 할 수 있겠다. 말 그대로 열려 있는 마음이다. 필자는 국내 유수의 석박사들이 가득한 모 대기업 기술 연구소에서 소위 진골, 성골 공돌이들(국내 유수 대학 학위와 더불어 해외 명문대 학위를 보유한)과 함께 조직생활을 다년간 했었다. 숱한 아이디어 미팅과 끝없는 회의 속에서 항상 느끼는 것은 공돌이는 정말 마음을 쉽게 열려고 하지 않고, 자기만의 세계가 너무 확고하다는 것이었다. 물론 자기의 주관이 굳건한 것은, 원칙을 고수하거나 정도를 끈기 있게 걷는다는 의미에서는 칭송받을 만하지만, 자신의 경험을 바탕으로 한 의견을 제외한 그 어떠한 타인의 의견에도 한치의 수용성도 보이지 않는 모습에 경악을 금치 못 한 것이 한두 번이 아니다. 그래서 다수의 선량한 공돌이가 혐오적인 인간성을 가진 존재라고 억울한 누명을 쓰기도 하고, 괄시를 당하기도 한다. 석박사급의 공돌이 수준이 되면 물론 자신이 고생하며 걸어온 길에 대한 자부심이 대단하여, 쉽사리 의견을 굽히지 않는 것 같기도 하다. 타인의 의견과 타협을 본다는 것은, 자신이 지난날 밤낮으로 실험실 안에서 고생한 노력들을 일보 후퇴시키며 자신의 자존심을 접는다고 생각하는 모양이다. 모두가 열려 있는 마음, 즉 타인을 향한 오픈 마인드가 부족한 까닭이다.

여행을 하라. 버스 하나 제대로 이용하기 힘든 곳으로 여행을 떠나면 오픈 마인드가 생기지 않으려야 않을 수 없다. 기다림의 미학을 배우지 않으려야 않을 수 없다. 자신의 의견이 맞다고 고집을 부리다가는 소나기 퍼붓는 날, 꼼짝없이 정류장 처마 밑에서 달달 떨 수도 있으며, 뜨거운 여름날 푹푹 찌는 도로 위에서 물 한 모금 없이 굶을 수밖에 없는 일이 남을 수 있다.

여행을 하면 사람과 부딪히며, 때론 협상도 하고 의견도 조율하며 자신의 의견을 포기하고 묵묵히 다른 사람의 생각을 따르는 방법을 배우게 된다. 여행을 친한 지인과(심지어 가족) 떠나노라면, 집에서 나서면서부터 여행지에서 복귀하는 순간까지 즐거움이 가득할 것 같지만, 항상 갈등이 있기 마련이다. 타지에서 분명 여행을 리드하려는 사람이 두 사람, 또는 무리 안에서 생기기 마련이고, 또 기막히게 그것을 반대하는 사람도 있기 마련이다. 그래서 여행을 떠나면 사람과 부딪히며 자신을 낮추는 경험을 배우게 된다. 안 그러면 혼자서 무리에서 떨어질 수밖에 없는데, 그때부터는 혼자 여행으로 인한 모든 노고를 감수해야 한다. 혼자 여행이라도 그 안에서, 또 많은 생각을 하며 고독함과 자아를 되돌아보는 시간을 가지게 될 테니, 그 또한 득이 됨이 분명하지 않은가.

모쪼록 여행이란, 타인이 바라보기에 그렇게 호사스럽고 안락한, 시간 낭비 위주의 떠남이 아니라면 여행자에게 수많은 가르침을 주는 또 하나의 배움이 된다. 여행자는 상상할 수 없을 정도로 길 위에서 수많은 것들을 배운다. 자신이 얼마나 나약한 존재인지, 혼자서는 아무것도 할 수 없음을, 그리고 나약함을 감추려고 가면을 쓰고 있던 두려움 가득 찬 자신의 가면을 벗는 경지까지. 그렇게 여행자는 떠나는 순간부터 길과 바람이라는 훌륭한 선생을 마주하게 되는 것이다.

아직도 잿빛도시에서, 탁한 호흡을 느끼며 머리 아파만 하는 우리 공돌이여, 시간을 마련했고, 그 기회를 빌려 무언가 자신에게 가치 있는 선물을 해주고 싶은가? 모처럼만의 휴가를 정말 뜻 깊게 보내고 싶은가? 지금 앉아 있는 그곳과 결별하고, 지금 당장 가까운 곳이든, 먼 곳이든 스스로가 익숙하지 않은 곳으로 여행을 떠나라. 여행은 자신이 스스로에게 줄 수 있는 최고의 선물이기 때문이다.

공돌이를 위한 변화 전략 3

멘토를 찾고,
멘토가 되어주는 공돌이
지금 가장 영향을 미치고 있는 이는 누구인가?

당신은 멘토Mentor를 가지고 있는가? '멘토' 란 자신의 사상, 배움, 철학에 영향을 주는 이, 즉 선생 또는 정신적 지주를 의미한다. 인간은 사회적 동물이기에 사회 안에서 수많은 사람들과 네트워킹을 하고 생활하면서 자신보다 못한 사람 또는 더 앞서간 이들을 끊임없이 만나는 것은 자연스러운 일이다. 인간은 본능적으로 좋은 것을 본받고 성장하려고 하는 욕구가 있다. 그래서 자신보다 앞서 나가 있는 수많은 선지자들로부터 그들의 존경할 만한 점 등을 적극 본받고, 자기에게로 흡수한다. 따라서 인간관계 안에서 멘토(정신적 지주)와 멘티Mentee(배움자) 관계를 만드는 것은 매우 유익한 경험이 된다. 특히 젊은 날엔 그 긍정적 영향이 막대하다.

누군가를 멘토를 세우고, 그로부터 많은 배움을 받고, 또 자신이 누군가 다른 이의 멘토가 되는 것은 인간관계 안에서 가장 성숙한 아름다운 나눔의 모습이 아닌가.

삶을 꾸역꾸역 살아가는 느낌이 들 때, 일상이 무료해지지 않고 싶을 때, 한곳에 정체되어 있지 않으려면 멘토를 적극 찾고, 만나는 것이 필요하다. 그리고 자신의 내적 성장의 단계를 따라, 점차 멘토를 바꾸어나가며, 꾸준히 자신도 누군가의 멘토가 되어주는 것이 필요하다. 특히 삭막한 공돌이 사회 안에서는, 공돌이가 가지고 있는 특수분야의 노하우의 독보적인 보유 여부를 놓고 사수-부사수 관계가 형성되곤 하는데, 일단 여기서부터 멘토링 관계를 시작하는 것이 좋다. 하지만 멘토링 관계에서는 자칫 누구나가 평등하게 가지고 있는 자신의 색깔을 감추고 맹목적으로 타인의 방식만 따르다보면 결국 자신의 실존감을 상실할 위험을 가져올 수 있으므로, 늘 자신의 개성을 잃지 않는 것이 또한 중요하다.

다양한 멘토를 섬기면서, 좋은 점들을 받아들이고 꾸준히 옥석을 가리는 작업이 필요하다. 결국 살아가다보면, 우리가 가장 영향을 많이 받는 경우는 바로 '사람'과의 관계 속에서 깨달음을 얻는 게 많지 아니한가. 이 시대의 주목받는 사회 곳곳의 리더들을 보아도, 그들에게는 항상 위대한 스승이 있었으며, 위대한 파트너이자 멘토가 있었다는 것이 여실하게 드러난다. 멘토가 해주는 역할이 그를 무덤에서 건져내주는 그런 거창한 역할이 아니다. 멘토는 힘들어하고, 절망하고, 또는 문제에 부딪힌 이로 하여금, '아, 나의 멘토라면 지금 어떻게 했을까?' 라는 생각을 하게 만든다. 따라서 우리는 멘토와 나누었던 대화의 기억을 더듬으며 힘을 낸다. 다시 일어서는 것이다.

애플의 CEO, 스티브 잡스만 보아도 그에게는 젊은 날, 그의 꿈과 같은 멘토가 항상 그를 일깨우고 긴장하게 했다. 바로, 휴렛팩커드Hewlett-Packard사의 빌 휴렛이 그의 멘토였다. 애플이 초창기 아주 작은 규모의 회사였을 때 당시 벤처 기업의 큰형님이라고 불리는 빌 휴렛이 스티브 잡스와 함께 있었다. 스티브 잡스는 그의 역정적인 경영 인생 속에서, 창업주이지만 수치스럽게 쫓겨나는 신세가 되어 인생의 막다른 골목에서 좌절을 느낄 때, 빌 휴렛에게 가장 미안해했으며 그로부터 재기의 의지를 다시 다지곤 했다.

빌 게이츠는 어느 날, 의도치 않게 워런 버핏을 만났다고 한다. 빌 게이츠가 마이크로소프트의 리더로 업무를 수행할 무렵, 너무나 바쁜 일정 속에서 워런 버핏이라는 당대 최고의 투자 현인을 만날 기회조차 처음엔 그냥 무시했다고 한다. 하지만 최고는 최고를 알아볼 인연이 있었는지 그는 워런 버핏과 조우하게 되었고, 처음 만났던 당일 날 밤, 밤새도록 두 사람은 이야기를 나누며 서로의 세상을 경험했다고 한다. 빌 게이츠는 한 번의 만남으로 세상에 둘도 없는 스승을 가지게 된 것이다. 예전에 워런 버핏과 함께하는 점심식사 비용이 60억이라는 가십기사가 난 적이 있다. 그

함께 포커 게임을 하고 있는 워런 버핏과 빌 게이츠.

만큼 그의 지혜와 철학을 잠시라도 나누는 시간의 가치가 엄청나다는 것이다. 빌 게이츠는 종종 바쁜 일정 속에서도 시간을 내어서 헬기를 타고 날아가 워런 버핏을 만나고 있으며, 삶의 여유와 경영의 지혜 등을 배우며 문제를 풀고, 많은 통찰력을 배웠다고 한다. 자신과 닮은 점이 많기에 놀랐다는 워런 버핏의 말을 들어보면 역시나 멘토를 알아보는 빌 게이츠도 범상치 않은 인물임은 분명한 것 같다.

멘토란 자신에게 또 하나의 삶의 역할 모델을 만드는 것이다. 사람 만나기가 쉽지 않은 공돌이에게는 삶의 모델을 만드는 것이 무엇보다 학창시절에 해야 할 급선무라 하겠다. 평생을 상아탑 안의 연구실 안에서만 보낼 각오가 된 인생이라면 얘기가 좀 다르겠지만, 사회 속에서 수많은 관계를 맺어가야 할 젊은 날 학창시절에는 수많은 사람들과 피부를 맞닿고 부딪히며 겪으면서 나름의 역할 모델을 세우는 것이 절대적이다.

국내외 대기업들이 사내에서 '멘토링' 제도를 적극 만들고, 활동비를 대주며 동료 간 시너지를 증폭시키는 활동을 독려하는 것도 이러한 멘토링의 장점을 적극 전파하기 위함이다. 기업 내에서 멘토링을 수행함으로써 다음과 같은 장점이 생겨난다. 첫째, 신입사원은 회사에 처음 들어와서 업무의 인수인계 과정에서 불필요한 시간과 노력을 낭비하지 않게 된다. 1:1이라는 아주 효과적인 멘토의 코칭 기법을 통해 조직의 일원으로 흡수되는 것이다. 둘째, 팀 안에서 언제나 마주치는 업무적 문제, 인간관계적 문제, 개인적 문제 등을 아주 손쉽게 풀게 되어서 업무의 생산성이 증진되며, 마음이 통하는 동료를 얻었다는 느낌에 일터에서 더욱 보람을 찾게 된다. 셋째, 현실에 안주하지 않고 더욱 발전할 수 있는 동기요소를 발견하며, 상대방을 벤치마킹함으로써 더욱 자신의 가치 향상을 이룰 수 있다.

이러한 장점 때문에, 예를 들어 글로벌 기업 IBM은 이러한 멘토링 제도를 국가 간 경계를 허물어서까지 시행한다. 한국에서 일하는 IBM 국내 직원은 문제가 생기면 글로벌 네트워크를 통해 실시간으로 지구 반대편에 있는 전문가에게 협업을 요청할 수 있고, 또 평소에는 사적인 인간관계를 유지함으로써 개인적으로는 인적 네트워크의 폭을 넓히는 기회로 사용하기도 한다. 멘토링이라는 것이 단순한 선후배 관계에서 나아가 팀, 기업으로 확대되었을 때의 장점이란 이토록 무한한 것이다.

또한 멘토링의 다른 한 방법으로서 '자서전 읽기'가 있다. 케케묵은 제안처럼 들릴지 모르겠지만, 저명한 사람들의 '전기'를 읽는 것은 의외로 아주 보람되다. 솔직히, 이 글을 읽는 누구나 한 번쯤 어렸을 때 위인전을 읽은 경험이 있을 것이다. 우리의 인생 속에서 어린 시절 맘속에 품었던 영웅들은 어느덧, 어른이 되어버린 사회 안에서 뿌옇게 사라져버리고 고독한 자신만 남은 우울한 자화상을 보게 된다. 본받을 이가 없는 것. 벤치마킹할 이가 없는 것. 이러한 상황은 자신을 매우 극단적으로 몰아가기 쉽다. 그럴 땐 주저앉아 있지 말고, 과감히 이 시대의 위인을 만나라. 바로 '책'이라는 아주 훌륭한 매개체를 통해, 사람들이 칭송하는 그들을 만나라. 창조적인 CEO의 대명사였던 스티브 잡스, 위대한 투자가 워런 버핏, 역사상 가장 위대한 대통령 링컨, 현재 카이스트에서 후배들을 양성하고 있는 국내 벤처 1세대 안철수, 세계 평화를 위해 헌신하고 있는 반기문 유엔 사무총장, 삶 자체가 타인에게 살아 있는 희망의 증거가 된 국내 최초 희망연구소장 서진규 여사, 경영의 신이라고 불리던 마쓰시타 고노스케, 미국 최초 흑인 대통령 버락 오바마 대통령 등등…….

지금도 우리가 하루하루 바쁘게 겨우 살아내고 있을 때에, 동시대에는 이렇게 훌륭한 위인들이 살고 있다는 것을 잊지 말라. 그들은 세월이 지나면 또 하나의 역사가 되어서 후손들에게 위인으로 일컬어질 것이다. 그들의 성공과 실패의 경험, 노하우 등을 마음껏 흡수하고 자신의 것으로 만들라. 동시대에 그들과 같이 호흡하며, 역사를 함께 보내고 있음은 설레는 일이다. 이렇게 책이라는 매개를 통해, 멘토를 발견한 한 사람이 세워질 수 있으며, 그리고 당신을 바라보며 누군가 또 꿈을 품게 될 것이다.

딱딱한 공학 수식에 막혀서 삶의 이유가 단순히 복잡한 기호로 구성된 문제풀이에 지나지 않는 것 같아서 허망한가? 실험실에서 밤새 납땜으로 보내는 순간이 삭막하고, 가슴이 바싹바싹 메마른 일인 것 같기만 한가? 앞서간 이들, 그중에서 과감히 변신을 시도하고 있는 이들을 따라야 한다. 그들은 다른 시야의 견해를 당신에게 건네줄 것이다. 해답이 오직 누구나 알고 있던 하나의 소스 Source에서 비롯되는 것만은 아님을 알려줄 것이다. 좋은 멘토와 더불어 10분 남짓 나눈 대화는 한 사람의 평생 비전과 꿈을 송두리째 바꾸기도 한다. 아무도 장담할 수 없다. 당신이 어떻게 변화를 수용하고, 어떻게 변화할지는. 심지어 스스로도 그것을 예측할 수 없으며 정의할 수 없다.

직장에서든, 학교에서든, 어느 조직에서든, 성별과 심지어 나이를 떠나서 나보다 장점을 가지고 있는 사람이 있으면 그들의 장점을 먼저 칭찬하며 다가서라. 그리고 자신의 진심을 털어놓으며 관계를 시작하라. 나보다 나이가 어리더라도 그의 통찰력과 상상력, 에너지가 본인보다 우수하면 그를 멘토로 삼아 과감히 배워라. 그것이 자신이 성장하는 길이다. 자신을 비로소 낮추었다는 얘기는 세상 사람들의 모든 특장점을 받아들여서 자신만의 색깔로 만들 준비가 되어 있다는 것과 같다. 지금의 모습과 다른 자기가 되고 싶은가? 그렇다면 당장 머물지 말고 실행하라. 나의 멘토가 되어 달라고, 가볍게 차 한 잔 권하며 고민을 털어놓고, 그의 생각을 조심스럽게 물어보라. 아마도 당신의 예상보다 훨씬 깊은 그 또는 그녀의 정신세계와 지식, 감각에 소스라치게 놀랄지도 모른다. 이렇게 멘토를 만들기 시작하면 어느덧 자신의 마음의 밭은 싹이 나기 좋은 아주 비옥한 영토로 다듬어져가고 있음을 알게 될 것이다.

자, 지금 당신은 누구에게 가장 영향을 받고 있으며, 또 반대로 누구에게 영향력을 미치고 있는가?

공돌이를 위한 변화 전략 4

낭만파 공돌이
나는야, 반 고흐를 사랑한 공돌이

공돌이가 어느 한곳에만 가면 극히 말없이 작아지는 자신을 발견하는 곳이 있으니 그곳은 바로 미술관과 클래식 또는 실내악 콘서트홀이 아닐지. 내가 알고 있는 공돌이 가운데 거의 98퍼센트 이상이 예술, 문화에 있어서는 문외한이다. 사람들과 어울릴 때 종종 대화의 물꼬를 트는 좋은 주제인 예술, 음악, 문화 등에 관한 이야기가 시작되면 오히려 공돌이는 한없이 작아지는 존재가 되어 침묵을 지킨다. 그리고 알 듯 말 듯한 묘한 웃음만 띨 뿐이다.

모처럼 어렵사리 얻은 기회로 소개팅에 나간 A군은, 상대방의 여자가 물어보는 최근 공연계 소식에 대해 묵묵부답으로 일관하다가 억울하게도 문명을 누리지 못한 미개인 취급의 누명을 쓴다.

그리고 그녀로부터 퇴짜를 맞는다. 또, 다른 여자들과 달리 공대를 졸업한 B양은 음악과 미술, 감수성에 관해 이야기를 하기보다는 연장과 도구, 제품 설계 논리에 더욱 흥미를 느끼며 수다를 떠니 가까이 왔던 남자들이 모두 달아난다.

예술, 문화 분야는 우리네 공돌이의 치명적인 약점이며, 억울한 누명의 근원지다. 사람들과 어울려 사는 세상에서는 공돌이가 한 시간이고 두 시간이고 쉴 새 없이 떠들 수 있는 딱딱한 디지털 회로 논리 얘기는 없다. 그네를 타는 꼬마 아이를 보고 사람들은 유년시절을 떠올리며 귀여운 어린 아이들을 보고 즐거워하지, 그 순간 동력학적 지식을 떠올리며 그넷줄에 매달려 있는 어린아이의 운동량을 분석하지는 않는다. 또한 사람들은 논리보다는 감수성을 바탕으로 상대방과 교감을 나눈다. 그것은 곧, 삶을 윤택하게 만드는 일상 속의 소통법칙이다. 사람들의 정서적 교감은 문화, 음악, 영화, 공연 예술, 미술 등에 대한 경험 및 지식 공유에서 비롯된다. 인간적이고 매력적으로 보이고 싶다면, 설계도와 매뉴얼은 일터에서 들여다보고, 바깥에서는 과감히 자신의 잊힌 감수성을 발견하기 위해 노력하자. 세상만사 첫 숟갈 뜨기가 가장 어려운 법, 말랑말랑한 감수성을 보유한 따뜻한 공돌이로 보이고 싶다면, 가장 먼저 예술, 문화, 인문서적 들을 읽어보자.

시골 의사로 유명한 박경철 씨는 그가 손꼽은 최고의 추천서적 중에서 고등학교 때 읽었던 서양미술사를 뽑았다. 박경철 씨는 주식투자에 부정적인 소견을 가진 거의 유일한 투자전문가이며, 통찰력을 지닌 현인으로 세인들에게 추켜세워지는데, 그 모든 통찰력과 지혜는 딱딱한 매뉴얼이 아닌 인문, 철학, 예술, 인류학 등에 대한 잡학다식에서 비롯되었다고 한다.

시시각각 변화하는 세상 속에서, 매 순간 가장 현명하고 효과적인 결론을 내기 위해서는 완벽한 논리적 시스템보다는 인간의 직관이 가장 필요로 되는 법이다. 성공한 CEO의 대부분은 절대 사실만을 근거로 결정을 내리지 않는다. 엄청나게 쫓기는 스케줄 안에서 모든 사실을 비교 검토하기란 불가능하며, 그들은 최소한의 결정적인 정보만을 가지고 과감히 직관에 따라 의사결정을 한다. 두려워하지 말고, 선입견을 버려보자. 늘 두꺼운 매뉴얼과 논문만을 읽는가? 아무도 궁금해 하지 않는 상아탑 속의 논문은 때론 내려놓고, 말랑말랑한 우뇌의 신선한 자극과 창조적 발상을 위하여 전공과 전혀 상관없는 것부터 경험을 쌓아보도록 하자.

삶의 모든 문제는 우리가 밤낮 고민 끝에, 밤을 세워가며 끈질기게 붙들다가 풀린다고 생각하지만, 실제로 그러한 일은 오해다. 공돌이는 이성을 담당하는 좌뇌를 풀타임으로 모두 써야지만 문제 해결의 답이 나온다고 일반적으로 생각한다. 그러나 그것은 진실이 아니다. 그것은 정작 좌뇌가 이성적 문제 해결의 한계를 느끼고 능력이 고갈된 후에, 조금씩 서서히 그간 갇혀 있던 우뇌가 활성화되면서 한순간의 인사이트Insight로 풀리는 것이 진리이다.

우뇌의 활용성이 창조력, 리더의 중요한 능력으로 조명되면서, 더욱 그 힘에 대해 관심이 모아지고 있는 요즘이다. 감성을 키우기 위해서는 스스로가 노력과 훈련을 해야 할 필요가 있다.

마냥 어렵고, 따분한 공학문제 한두 개를 푸는 것보다 더욱 지루하게만 느껴지는 예술, 문화 지식 등을 어떻게 접하고 스스로 범위를 넓혀갈 수 있을까? 먼저, 딱딱하고, 권위주의적인, 꽉 막힌 공돌이의 이미지를 털고, 과감히 언제든 좋으니 휴일날 영화를 보거나 미술관으로 훌쩍 떠나보자. 혼자여도 좋고, 아니면 공돌이 좌뇌 구속 탈출 동지를 만들어 멋진 경험을 만들기 시작하는 것도 좋다. 요즘에는 예전에 비해 블록버스터 위주의 주류 영화보다 비주류 마이너 영화의 개봉 및 상영이 꽤 일반화되었는데 그러한 영화관에서 부담 없이 예술, 인디 영화들을 보는 것도 색다른 즐거움, 충격이 될 수 있다. 보고 나면 잊어버리는, 마치 배설의 느낌만 남는 그런 식상한 주류 영화를 선택하기보다, 때로는 작은 사회 안의 불편한 진실을 바라보게 되고 따뜻하고 진실된 사랑을 느끼는 그런 영화를 무모하지만 선택해보자. 어느덧, 마이너 마니아가 되어서 한동안 소극장에서 여유롭게 영화를 즐기며 묵상하는 자신을 발견할 것이다.

두 번째. 여가시간에는 남들과는 독특한 소일거리를 만들어보자. 흔히 얘기하는 '취미생활'이라고도 할 수 있는 부분인데, 외제 자동차 부품을 사다가 튜닝하는 그런 럭셔리한 취미보다는 작은 카메라 하나 들고 동네 및 도심 곳곳을 유유히 떠돌아다니며 찍는 그런 소박한 사진 찍기 취미를 가져보자. 최근에는 DSLR 카메라가 무척 저렴한 가격으로 보급되면서 휴일에 시내 곳곳을 카메라 하나 들고 누비는 사람들이 많아진 것 같다. 타인이 보기에 그들은 관심조차 가지 않는, 전혀 아무렇지도 않는 사물과 현상에 렌즈를 겨누고 있다. 대단한 장면이 있는 것도 아니고, 유명한 연예인이 지나가는 것도 아니고, 친구들을 찍어주는 것도 아닌데, 그들은 길가에 멈추어 서서 렌즈 안 작은 세상에 빠져 있다.

사진 찍기란 촬영하는 사람으로 하여금 뜻하지 않는 유익한 즐거움들을 주는데, 그것은 사진을 찍으며 창의적인 시선을 가지게 된다는 것이다. 풍경을 어떻게 바라보느냐에 따라, 렌즈 안에서 만난 창의적 세상은 천의 얼굴을 가지고 카메라 주인에게 다가온다. 사진을 찍고 나서, 찍고 난 사진에 이름 붙이기를 시도해보라. 자신도 모르게 창의적인 이름을 붙이게 되는 기분 좋은 경험을 할 것이다. 또한 아주 예리한 찰나를 포착하게 되는 매력을 어느 순간 느끼게 되어 순발력과 눈치가 빨라진다. 발품을 끊임없이 팔게 되어 건강도 좋아지며, 또 시내 곳곳의 맛집과 멋집을 자연스럽게 발견하는 보너스도 얻는다. 필자는 사진 찍기만큼, 취미 보유자에게 다양한 이득을 가져다주는 취미를 발견하지 못했다. 사진을 찍는 매력에 빠져서, 예술사진 전문가 수준의 깜냥을 가지게 되는 이들도 주위에 상당수 있다. 그들은 정규 사진학 공부를 한 것도 아니고, 훈련받은 것도 아닌데, 카메라 하나를 들고, 이렇게 저렇게 자신만의 노하우를 쌓고, 풍경을 바라보는 새로운 시야를 트이게 됨으로써 이제껏 발견하지 못한 창조적인 사진을 찍어낸다. 그들의 아마추어 같지만 여전히 창의력이 날카롭게 서 있는 그러한 사진들이 바로 생활 속의 예술이 되는 것이다. 눈매와 손재주가 좋은 공돌이가 뛰어들면 새로운 자기 역량을 발견할 수 있으니 가히 도전해볼 만한 '예술 활동'이다.

'메마른 공돌이'라는 오해를 벗고 싶다면 가끔은 생활문화 잡지를 읽어보는 것도 꽤 많은 도움이 된다. 대다수의 공돌이는 두꺼운 전공 매뉴얼 및 기술 잡지가 전부인 듯 알지만 사람의 살아가는 이야기가 묻어 있는 생활 잡지를 한 번 접해보면 가뭄 날 땅바닥처럼 메말라 있는 감성이 다시 살아나는 것을 느낄 수 있다. 지하철 안이나, 날씨 좋은 날 약속을 기다리며 바깥에서 읽는 잡지 한 권은 때론 휴식을 준다. 계산과 논리에 지친 머리가 소박하고 구수한 타인의 이야기들에 젖어들면서 현재 고민을 잊고 삼시 미소를 짓게 해주기 때문이다. (혹시 또 누가 아는가, 좋아하는 이성 앞에서 호감을 얻기 위해 노력하는 와중이라면, 잡지에서 얻은 재미있는 에피소드 하나의 공유가 당신의 매력을 증폭시켜줄지.)

잡지 안에서 여행지 및 데이트 장소에 대한 정보를 덤으로 얻어라. 최신 연극과 영화에 대한 리뷰를 한 번 엿보라. 유명인의 삶을 인터뷰하는 기사들을 보며, 그들의 인생과 나를 빗대보며 색다른 삶의 감동을 느껴보라. 나 자신 말고 타인이 존재하는 세상이 있다는 것을 인정하면서부터 진정한 커뮤니케이션이 시작되는 법이다. 공돌이에게 세상은 법칙을 깨달아 정복해가는 것으로 인식되기 쉽지만, 결국엔 모든 사람들이 한데 어울려 살아가는 것임을 알아야 한다. 의미 없어 보일 수도 있지만 우리는 다른 사람들이 걸어온 길에서 꽤 많은 인생의 힌트를 얻는다.

학창시절 전공과 관련한 해외 학회에 참석했을 때 인상 깊었던 일화가 하나 있다. 관련 전공분야에서 꽤 유명한 외국인 교수님을 만났을 때의 일인데, 대화 중에 그 교수는 색소폰이라는 악기 하나를 취미 삼아 다룬다고 했다. 그러면서 그분은 내게는 다룰 줄 아는 어떤 악기가 있냐고 물어보셨다. 당시 나는 어떠한 취미도 없다고 단순히 대답했는데, 그것을 듣고 그는 무척 놀라워했다. 그분의 표정은 마치 인생을 무슨 재미로 사냐는 듯한 표정이었다. 그들에게는 연구도 삶의 중요한 부분을 차지하고 있었지만, 연구에 지친 감성을 달래는 어떠한 예술 활동도 삶 속에서는 없어서는 안 될 아주 중요한 일이었다. 삶을 어떻게 영위해야지 따뜻하고, 부드럽게 살아나갈 수 있는지 그 멋쟁이 공돌이 교수님은 알고 있었던 것이다.

실험실 안에서 24시간 갇혀 있는 것보다, 문득 쉬기 위해 전혀 다른 활동을 시작할 때 멋진 영감靈感은 나타나는 법이다. 머릿속이 천근만근 복잡한 CEO들은 골프를 자주 치는데, 그것은 공을 치며 스트레스를 풀려는 것이 아니라 걸으면서 머릿속을 쉬게 하여 아이디어를 떠오르게 함이다. 감성의 우뇌에 큰 자극을 주는 문화예술 활동은 공돌이에게 정말 필요한 영양제 같은 요소들이다. 세계 유명한 화가들의 전시전이 열리면, 휴일에 미술관에 찾아가 지친 마음을 쉬이고, 머릿속을 좀 비워두라. 간지럽게 공돌이가 무슨 예술이냐고 냉소적인 웃음을 짓는다면 체면을 중시하다가 늘 고루하게 똑같은 자리에 머물러 있을지 모를 일이다. 때론 반 고흐의 그림을 즐기며, 최근 독서 트렌드를 논하며, 문화예술계의 주요 이슈를 한 번쯤 멋지게 나누는 자신의 모습을 상상해보라. 남들의 편견과 선입견을 보기 좋게 깨주는 일은 생각만 해도 신나는 일이 아닌가? 반 고흐를 사랑한 공돌이, 영화를 보다 눈물을 슬쩍 훔치는 공돌이가 되어 곁에 앉은 여자친구에게 색다른 면모를 보여주는 가슴 따뜻한 공돌이가 되길 진심으로 바란다.

그리 어려운 일이 아니다. 일단 경험하라. 그렇다면 언젠가 그만큼 시선이 폭넓어져 유연하게 살아가는 힘을 얻게 될 것이다. 세상에서 가장 부드럽고 유연한 공돌이가 되어서 다양한 분야에서 거침없이 생각을 토로하고 멋진 철학으로 사람들의 심금을 울리는 존재가 되어주길 바란다. 물론 당신의 손끝에서 나온 신제품, 신기술에서도 그와 같이 고객의 마음을 울리는 철학이 담겨 있기를 바란다.

공돌이를 위한 변화 전략 5

팔색조 공돌이
공돌이에게 변신은 무죄

여기 작은 나뭇가지 위에 매달려 있는 고치 하나가 있다. 며칠 전부터 한 마리의 애벌레가 자기 몸에서 실을 뽑아서 고치를 만들고 그 안에 꼭꼭 몸을 숨기고, 마치 죽은 것처럼 꼼짝 않고 며칠을 그렇게 지내왔다. 이윽고, 꼬리가 꿈틀꿈틀하며 새로운 변신을 시작하는 하나의 생명이 힘차게 또 다른 세상을 만날 준비를 한다. 고치는 스스로의 힘으로 자신이 만든 세상을 부수고, 그것으로부터 벗어나 드넓은 창공으로 날아갈 준비를 한다. 물론, 예전 애벌레 시절과는 차원이 다른 휘황찬란한, 황홀한 빛깔의 날개를 등에 얹고. 모두가 죽었다라고 생각하는 그 순간, 딱딱한 고치 안에서는 새로운 세상을 향해 비상을 꿈꾸는 하나의 생명이 있었다. 변신을 꿈꾸는 또 하나의 존재가 있었다. 그게 작은 나비 한 마리가 우리에게 주는 엄청난 진리이다. 변신을 위해서는 스스로가 만든 세상을 벗어나야 한다는 것. 그리고 그렇게 몸 전체를 탈바꿈하기까지는 엄청난 근육이 필요하며(육체적, 정신적, 영적인 근육 모두) 일정 기간의 고난을 무사히 이겨내며 예전과는 완전히 다른 모습으로 다른 세상을 맞이하는 것이다. 변신은 이러한 것이다. 이왕에 시작할 변신, 아주 과감한, 그리고 감당할 만한 뜨거운 고난을 악물고 이겨낸 이후의 보람. 그것이 변신을 성공적으로 이끌어낸 이들이 모두가 겪어왔던 동일한 과정이다.

성공의 길목에서 과감히 방향 전환을 통해서, 새로운 역사를 만들고 있는 지인들을 보면 그들에게는 공통적인 특성들이 있다. 첫째, 모두 남들이 무시하는, 남들이 바보라고 생각하는 그런 남다른 '철학'이 있었고, 그 위에 '긍정'의 힘을 가지고 있었다. 둘째, '변화'를 향한 '변신'을 두려워하지 않고, 그것을 즐기는 특성이 있었다.

필자 또한 20대에는 주된 가치를 '변화'로 삼고 수많은 것들을 모두 경험하려 애썼다. 남들이 안 된다고, 그럴 수 없다고 말하는 것에 오히려 묘한 청개구리 심보의 배짱이 있었고, 스스로 역사를 만들고 싶은 강한 동기도 부여받았던 것 같다. 나 또한 신분이 보장되고 안락한 대기업 연구원 생활에서 급격히 방향 전환을 시도하여 세일즈라는 세계에 뛰어든 것도 꽤 매력적인 시도였던 것 같다. (실은, 변신하는 김에 아예, 창업이라든가 기가 막힌 모습으로의 변신을 꾀하였더라면 더욱 들려줄 얘기가 많지 않았는가 싶다.) 변신이라 함은 비전을 품고 꿈을 꾸는 자들이 가지고 있는 강력한 무기이다. 다이내믹한 인생을 살고 싶은 이들이 꼭 통과해야 하는 터널이 바로 지독한 고통을 담보로 하는 '변신'이라는 것이다.

안철수 CEO는 의과대학생에서 과감히 백신 프로그램 개발자로 방향 전환을 했다. 시골 의사 박경철 씨는 어느 날 한두 권씩 책상에 쌓여가는 미국 경제 매거진에 매료되어서 경제공부를 독학하다가 주식 전문가, 투자가, 작가, 강연가가 되었다. 자기계발을 위한 강연, 독서 평론가로 유명하신 공병호 씨도 처음에는 모 대기업의 회사원이었다가, 사업을 시도하고 지금은 우리나라에서 유명한 저술가이자 강연가가 되었다. 독일인이지만 한국 드라마에서 종종 감초 역할을 하던 방송인 이한우 씨는 이름을 '이참'으로 바꾸고 지금은 한국관광공사 사장이 되어, 역설적으로 외국인 CEO로서 한국의 미를 세계에 자랑하는 관광 상품 개발 및 홍보를 위해 헌신하고 있다. 또한, 미국 역사상 가장 존경받는 대통령으로 손꼽히는 로널드 레이건 대통령도, 대통령 이전에는 영화배우였다. 정치에 뜻을 둔 그는 70세에 미국 대통령으로 선출되었고, 이후 대통령직을 한 번 더 재임했다. '레어거노믹스'라는 말이 생겨날 정도로 1980년대 미국 경제의 부흥을 가져왔다. 스티브 잡스는 애플에서 쫓겨나 처절하게 고립되고 외톨이로 지내던 시절,

영화 〈법과 질서〉에서 보안관으로 출연했던 로널드 레이건.
그는 이후 70세에 미국 대통령이 되었으며 재임까지 했다.

'픽사Pixar'라는 애니메이션 회사를 세워 컴퓨터 애니메이션 영화인 〈토이스토리〉 등으로 화려하게 애니메이션 영화 역사를 창조했다. 그리고 다시 애플로 돌아왔다. 한 시대를 풍미했던 유명한 몸개그 코미디언 심형래는 수많은 실패 끝에 이제는 영화감독, 사업가가 되었다. (영화의 흥행은 다소 실망스럽더라도 그의 실험정신과 최고를 향한 과감한 도전은 정말 존경해야 한다.) 한때, 아주 연약한 이미지로 〈입영열차 안에서〉라는 노래로 청춘 남녀의 인기를 독차지 했던 김민우라는 가수는 현재 벤츠자동차 1등 영업사원으로 그 자신만의 역사를 다시 쓰고 있다.

2부 껍질을 깨다 **163**

이 얼마나 수많은 인생들이 다이내믹하게 그들의 진로를 바꾸어 과감히 새로운 자신만의 이야기를 만들고 있는가. 그들도 물론, 자의로든 타의로든 처음 변화의 목전에 섰을 때 갈등과 번민을 했을 것이다. 하지만 중요한 것은 번민의 여부가 아니라 그들이 과감히 아무도 가보지 않은 길에 몸을 던졌다는 점이다. 그들이 걸어온 길이 절대로 그들 스스로의 한계를 세우지 못했다.

우리네 공돌이는 겪어온 경험과 실험 환경에서 비롯된 것인지 몰라도 외부 환경과 조건 제약Constraints에 매우 민감하고, 약하게 져버리고 마는 경향이 있다. 우리는 모두 완벽하고, 안전한 수많은 가정Assumption을 내세워, 아주 이상적인 결과만을 도출하여 즐거워하지 않는가. 그러나 온상 속에서 키워낸 산출물은 실제 상황에 들어서면 여지없이 깨지고 말며, 전공서적 안의 결과와 절대 부합하지 않는다는 것을 충분히 동의할 것이다. 누구나 그렇다고 당연시 해온 것들에 대해서 즉시 질문하고, 의심하며, 한 번 도전해봐야겠다는 마인드를 세워야 한다.

새로운 역사는 답습의 가운데 세워지지 않는다. 깃발을 들어올리고, 변화를 촉구하는 사람이 바로 스스로의 이야기를 만들어내며 다른 이들의 주목을 받는다. 처음에는 외로운 길이기에 혼자 싸워야하는 것 같고, 고독하기 그지없지만 어느덧 그 길의 중반에 들어서면 자신과 같은 길을 걷고 있는 수많은 동지들을 만날 것이다. 무엇보다 다른 사람들이 만들어놓은 세상과 눈에 보이지 않는 원칙에 갇혀서 아무것도 못하는 것은 정말 피해야 한다. 진정 창조적인 사람이 되고 싶다면, 보다 가치 있는 무언가를 발견하고 싶다면, 지금 자신을 둘러싼 환경에 대해 의문을 던지고 꿈틀되어야 한다. 긍정적 변태과정을 통해 다시 창공으로 나서려는 나비처럼 말이다.

필자가 공과대학원 연구실에서 밤새워 실험을 할 때 일이다. 연구실 안에서는 10년 가까이 해당 연구를 계속해온, 말 그대로 '대가'가 계셨고 그분은 언제나 후배들에게 이렇게 강조했다. "다른 사람의 말은 아무도 믿지 말라. 네가 해보기 전까지는 아무것도 모른다." 깨달음이 있었던 말씀이라고 생각한다. 그래서 그분은 나름 그 위치에서 독보적인 세계를 만들어갔다. 그는 연구원이라는 한 우물 안에 있었지만, 그 안에서 끊임없이 자신의 연구성과를 뒤집고, 타인의 논리에 의문을 던지고, 그것을 또 뒤집음으로써 고수의 길로 나아갔다. 그것도 변화를 추구하는 이의 한 단면이다. 오래된 것을 답습하지 않고, 재창조와 변신의 길로 나아가는 것. 그것이 지금 변화를 꿈꾸는 공돌이가 가져야 하는 가장 우선의 마인드라고 할 수 있다.

익숙한 현상에 대한 의문을 가져라, 그리고 도전하라. 게임의 규칙을 정의할 수 있는 사람은 자신이기에, 스티브 잡스의 유명한 연설문처럼, 타인이 만든 도그마Dogma 안에 갇혀 살 이유도 없다. 끊임없이 스스로 변신에 갈망을 가진다면 다음과 같은 유익함이 생길 것이다.

첫째, 어느 조건, 어느 환경에 있든 쉽사리 삶이 지루해지지 않는다. 심지어 회사에서 해고당할 압박이 온다하더라도 본인이 무언가 추구하는 변신의 삶이 마련되어 있다면 그러한 세상의 위험은 자신에게 크게 위협이 될 수 없다. 나아가 본격적으로 변신을 시도할 기회를 삼을 배짱이 생기므로, 심지어 위협을 감사히 느낄 수 있는 경지까지 오를 수도 있다. 일희일비할 일이 사라진다는 이야기이다. 이미 초점이 타인의 평가와 그들이 정의한 삶의 성공 기준에서 벗어나 자신이 새롭게 추구하는 그 비전의 중심으로 옮겨왔으므로, 흔들림과 두려움 없는 자신을 발견하게 된다. 맹목적으로 권위에 얽매여 굴레를 벗어나지 못하는 타인과 달리, 변화할 수 있는 준비가 된 당신은, 스스로를 구별되게 느끼면서, 항상 기뻐할 수 있는 능력을 가지게 된다.

둘째, 고난의 의미를 서서히 알게 되므로 괴로움을 이기는 현명한 방법을 알게 된다. 또한 고난을 두려워하지 않게 된다. 행복은 고난이라는 가면을 쓰고 언제나 개인에게 찾아온다. 예고도 없이 찾아온 고난은 한 사람의 인생을 때로는 철저히 뒤흔들고 지나가기도 하는데, 그 고난의 터널을 어떻게 통과했느냐에 따라 고난 이후의 성장의 수준은 천지차이가 난다. 변신을 두려워하지 않는 이는 고난과 변화를 두려워하지 않는다. 그들이 세상을 바라보는 시각은 남다르다. 고난 속에서 오히려 담담히 그 시간을 견디어내면서 배움을 찾는다. 변신을 두려워하지 않는 이에게, 고난은 그들에게 찾아온 기가 막힌 담금질의 시간이며, 그 순간을 역으로 이용해 더욱 정금처럼 나아갈 연습을 한다. 고난을 맞이할 때 혹자는 동굴 안으로 들어가서 가만히 고난의 세월이 잠잠히 지나가기만을 기다리기만 하고, 혹자는 고난의 바람을 온몸으로 쐬면서 강인하게 스스로의 경험의 깊이를 성숙하게 한다. 그들은 고난을 맞이하는 자세를 안다. 강풍이 부는 들판에서 꼿꼿이 선 느티나무는 부러지기 마련이지만 강풍에 몸을 맡긴 들풀은 절대 부러지는 법이 없다. 고난의 바람을 타고 그들은 성장한다. 끊임없이 주변에서 앞서 간 이들이 어떻게 지금의 시간을 현명하게 이겨냈는지를 끊임없이 학습하고 적용할 줄 안다. 세상에 과연 고난 없이 이루어지는 것이 있던가. 역사상 주목받는 업적을 남긴 이들은 언제나 고난의 벽을 과감히 뛰어넘고자 했던 이들이었다.

셋째, 타인의 세상에 얽매이지 않기에 자유롭다. 그래서 성공으로 가는 아이디어를 발견하게 된다. 변신을 거듭하는 이들은 스스로에 대해서 한계를 짓지 않는다. 항상 다음을

> 페이스북은 근본적으로 인간을 바탕으로 설계되어 더 많은 사람들에게 나아가도록 하기 위해 만든 거예요. 대학 시절 심리학과 컴퓨터공학을 전공했어요. 사람들은 "너 컴퓨터 공학도잖아?" 하며 갸우뚱해했지만 전 두 학문이 어떤 연결성을 지니는지 궁금했어요. 제게 컴퓨터는 또 다른 좋은 무언가를 만드는 도구이지, 컴퓨터 그 자체로 끝나는 물건이 아닙니다. —마크 주커버그

고민한다. 우리가 늘 '문제'를 안고 살아가는 이유 중 하나가 타인의 시선과 논리에 얽매여 있기 때문이라고 한다. 타인이 세운 세상의 논리에서 벗어나 자유로워지면, 어느덧 문제는 사라지고 자신이 꿈꾸는 모습을 향한 의지를 다시금 다지게 된다. 모두가 'No'라고 할 때, 'Yes'라고 말할 수 있는 용기가 정말 중요하다던 광고 카피는 이제는 모두가 알 만한 식상한 문구가 되어버렸지만, 실제로 행동으로 옮기는 사람은 많지 않다. 말로만 비난하고, 방해하는 주변의 목소리는 잠시 닫고 내면에서 자신이 진정 말하는 목소리에 귀를 기울이면, 변신 속에서 자신의 소명을 발견할 기회도 얻게 된다.

남들이 세워놓은 스펙과 목적을 열심히 따라가다 보면 어느덧 한없이 덧없고, 무력한 자신의 그림자만이 남을 뿐이다. 체면과 명예를 중시하는 공돌이가 되지 말자. 잘나가는 연구 논문의 저자 뒷자락에 이름을 달 생각을 하지 말고, 과감히 첫 저자First author 로서 자신만의 논리를 세상에 던져보라. 주사위는 던지는 사람에게 그 숫자를 보여준다. 남들이 놀라는 기분 좋은 변신을 통해 팔색조의 매력을 내뿜는 공돌이가 되길 빈다.

공돌이를 위한 변화 전략 6

영어에 능숙한 글로벌 공돌이
타국의 언어를 배우는 것은 또 하나의 뇌를 가지는 것

공돌이 학부생들은 해마다 방학이 찾아오면 하는 일이 있다. 한 학기간 가방을 무겁게 채웠던 전공서적을 멀리 던져버리고, 온갖 토익책을 싸들고서 도서관 칩거에 들어가는 것이다. 다른 나라의 언어를 공부해서 그 나라의 문화를 이해해보고 싶다든지, 해외여행이나 기타 숭고한 목적이 있어서 영어공부를 하기보다는 그저 시험영어를 공부한다. 결론부터 이야기하자면, 그런 외국어 공부는 전혀 도움이 되지 않는다. 기업에서도, 토익 점수만 높은 인력을 채용 고집하는 시대는 끝났다. 토익 성적과 실제 업무 진행시 활용되는 영어실력과는 전혀 상관관계가 없다는 것을 웬만한 기업 인사팀에서는 모두 인식하고 있다. 교내 또는 사회에서 원어민을 만나도 토익 고수들은 갑자기 꿀 먹은 벙어리가 되기 십상이고, 머릿속에서만 열심히 단어를 짜맞추기 바쁜, 참으로 애달픈 경험을 한다.

공대 출신의 가장 치명적이 약점이 바로 외국어 구사 능력이라는 것은 반대할 수 없을 것이다. 필자도 기업 연구소에서 근무 시절 한창 영어 공용화 캠페인으로 인해, 각종 회의가 영어로 진행되고, 보고서 등이 영문으로 작성되는 등의 일이 벌어졌는데, 연구원들의 외국어 구사 능력이 수준 이하인 경우가 많아서 웃지 못할 촌극들이 수없이 벌어졌다. 신개발 프로젝트를 다수의 임원들 앞에서 영어로 프레젠테이션하는 자리에서, 수많은 질문들이 쏟아져야 함에도 불고하고, 영어 진행이라는 이유 하나로 어떠한 질문 없이 프로젝트 제안이 승인되기도 했다. 영어로 회의해놓고, 자세한 건 국문 메일로 다시 얘기하자는 팀장 지시가 떨어지는 것은 일상다반사였고, 영어로 진행되는 회의에서는 질문과 대답이 국영문 혼용이 되는 일이 비일비재하곤 했다.

대다수의 연구원은 학창시절부터 영어와는 담을 쌓고 살고, 사회로 나오기 전에 토익 점수를 얻기 위한 영어공부가 전부였기에 실전에서의 회화 구사능력은 현저히 떨어지기 마련이다. 따라서 회사를 입사하면 입사 후가 더 큰 걱정이 되기 마련이다. 각종 글로벌 컨퍼런스, 화상회의 등은 모두 영어로 진행되는데 보고서 한 장조차 영어로 프레젠테이션을 못 하니, 연구원들은 서럽게 뒤쳐지는 인사고과 대상에서 눈물을 삼킬 뿐이다.

하나의 에피소드로, 필자가 수 년전 참석했던 글로벌 컨퍼런스에서 있었던 일이다. 아주 뛰어난 아이디어와 신기술로 참석자의 주목을 끈 일본인 공학자가 있었는데, 워낙 영어가 어눌해서 탄복할 만한 기술을 개발해놓고도, 정작 중요한 공개 발표 시에는 이해하는 이가 없어서 아무런 관심도 없이 허무하게 프레젠테이션이 끝나버렸다. 컨퍼런스가 끝나고, 돌아오는 길에 그것이 엄청나게 중요한 연구성과 자료라는 것을 실제 논문지를 읽은 후 그제야 깨달았다.

공돌이의 치명적인 약점은 학부시절부터 대개 연구과제와 논문만 집중해왔다는 것이다. 그러다보니, 외국어(영어, 중국어, 일어 등 제2외국어) 능력이 크게 떨어질 수밖에 없다. 시험 영어 점수가 높고 낮다는 이야기가 아니라, 공돌이는 어찌된 일인지 외국어 구사를 위한 절묘한 언어 감각을 잃어버렸다는 것이다. 공돌이에게 외국어 능력을 확보해야한다는 것은 단순히 취업 목적의 토익 점수 또는 유학 목적의 토플 점수를 쌓는다는 스펙 쌓기 개념 이상을 지닌다. 단도직입적으로 이야기하면, 스펙을 쌓아가는 인생을 위해 시험용 외국어를 공부한다면 그는 실전에서 외국인과 자유롭게 소통할 가능성이 거의 없다. 모든 어학 전문가들이 동의하는 사실이지만, 외국어 학습을 위해서는 일단 머릿속 사고구조를 해당 외국어 문화권의 사고구조로 바꾸는 것이 제일 먼저 필요하다.

따라서 외국어를 학습한다는 것은 또 하나의 '뇌'를 본인이 소유하는 것과 같다. 자기와는 다른 타 문화권의 언어사고 방식을 배운다는 것은, 단순히 글자를 터득하는 것이 아니라 외국어를 구사함을 통해서 저절로 그 나라 국민의 언어문화, 생각 등을 그대로 체득한다는 것을 의미한다. 우리나라 사람들이 대개 일본어를 공부할 때는 크게 어려움을 겪지 않는데, 그것은 우리나라와 일본이 같은 동북아 문화권이면서, 어문 구조도 동일하기 때문이다. 일본어를 처음 공부하는 사람도 매일같이 열심히 공부하면 기본적인 인사 및 소개, 필요사항, 요구 등 해외여행에서 필요한 기본 의사소통 수준은 6개월이면 마스터한다. 하지만 예를 들어 영어나 불어 등은 6개월은커녕 1년이 지나도 어학 실력이 제자리를 맴돌기가 십상이고, 단어와 문장이 입 밖에서 마구 꼬이기 일쑤이다. 같은 방식대로, 영어권에 있는 국민은 해당 문화권에서 가까운 불어나 스페인어 등을 우리가 일본어 공부할 때 대하는 방식과 마찬가지로 언어를 익힌다.

한국인으로 UN 사무총장까지 오른 반기문 장관을 한 번 보자. TV 등에서 그분의 영어연설을 들어본 적이 있는가? 반기문 장관의 연설을 가만히 들어보면 그는 할리우드 유명 배우처럼 유창하게 혀 굴리는 본토 발음으로 영어를 구사하지는 않는다. 대신 정확한 문법과 사전에 나올법한 완벽한 발음으로 연설한다. 따라서 영미권 국가뿐만 아니라, 영어를 공용어로 사용하는 제3세계에서도 그의 연설을 듣고 이해하는 데 전혀 문제가 없는 것이다. 오히려 UN과 같이 다국적 국가 대표자들이 모인 자리에서는, 서로의 언어적 차이를 고려하여 완벽하게 영어를 구사하기보다 가장 쉽고 정확하게 영어로 소통하는 것이 가장 필요할 것이다.

반기문 장관의 예를 통해 강조하고 싶은 것은, 바로 원어민과 똑같이 발음을 굴려서 하려는 부담을 덜고, 의사소통 전달에 핵심을 맞추는 영어회화 습관의 강조이다. 힘들게 어깨에 힘주지 말고, 발음이 조금 시원찮아도 되니 논리적으로 내 의사를 확실히 전달하자는 목적의식으로 영어회화 연습을 시작하면 몰라보게 학습 효율이 향상된다.

공돌이는 학창시절에 원서로 전공서적을 공부하면서 너무나 어려운 공학 용어를 자연스럽게 익히는데, 그러한 단어들이 실생활에서 쓰일 경우는 거의 없다. 일상회화에서는 어려운 공과대학 전공서 용어를 때론 원어민조차 의미를 모를 때가 있으니 가급적 쉽게 영어를 하자는 마인드를 갖자. 필자의 경험을 빌려서, 영어회화 실력을 늘릴 수 있는 방법을 추천한다면 바로 '미국 드라마 보기'이다. 단, 한국 자막을 띄워놓고 그냥 본다면 말 그대로 그것은 영어회화 공부가 아니라 TV 시청에 불과하다. 자막을 인터넷에서 구한다면 '영문'으로 구할 수도 있다. 영문자막을 보면서, 시청 도중에 '이런 상황에서는 이런 표현을 쓰는구나. 저런 감정상태일 때는 이런 표현을 쓰는구나.' 하는 식으로 공부를 해나가면 리스닝에도 도움이 되고, 실제 구사하는 스피치 능력도 몰라보게 좋아진다.

필자도 10년 전 꽤 유행했던(지금까지도 마니아가 있을 정도인) 〈프렌즈〉 시리즈를 무척 즐겨보았는데, 영문 자막을 켜놓고 드라마를 즐기면서 괜찮은 표현이 있으면 반복해서 듣고, 또 수첩에 적어두고 나중에 반복해서 보곤 했다. 단순히 참고도서에 있는 영어가 아니라 실생활에서 바로 쓰이는 표현을 적나라하게 공부할 수 있으므로, 실제로 원어민들과 대화할 때 쓰면 한층 더 말하고자 하는 의미를 분명하게 전달할 수 있다.

또 하나, 바쁜 공돌이를 위하여 제안할 수 있는 효율성 좋은 영어회화 학습방법은 주말 등 시간이 날 때 사내/사외 영어회화 스터디 그룹에 참가해보는 것이다. 대부분 국내 큰 포털사이트 안에는 카페 등의 형태로 영어회화 스터디 그룹 회원들을 자발적으로 모집하는 공지들이 꾸준히 뜨고 있는데, 주말 등 휴일에 짬을 내어 참석하여서 능력 있는 스터디 멤버들과 함께 공부하면 실력도 금방 늘게 될 것이다. 다른 전공, 다른 직업을 가진 사람들과 함께 하나의 주제를 정해놓고, 자유롭게 영어로 이야기하는 연습을 해보는 것은 실제 영어로 프레젠테이션을 할 때의 두려움을 없애고 자신 있게 생각을 발표할 수 있는 효과를 가져다준다.

정리하자면, 우리네 공돌이와 주변인이 모두가 인정하는 공돌이의 취약한 아킬레스건인 외국어 구사능력을 보완한다면, 한층 더 자신의 가치를 높일 수 있음은 자명하다. 외국어 능력을 기본적으로 하나 유창하게(적어도 자신의 논리를 차근차근 설명할 수 있을 정도로) 갖춰야, 공돌이로서 세상에 도전할 수 있는 기회가 더욱 많아진다. 앞에 놓여질 수 있는 꿈을 향한 카드의 개수가 많아진다는 이야기이다. 자신의 비전과 뜻이 맞다면, 글로벌 시대에 걸맞게 글로벌 외국계 기업에서 일을 찾을 수도 있고, 또는 국제연합 UN 등지에서 기술전문가 등으로 활약하는 등 무한한 가능성의 길이 펼쳐진다.

이렇듯 누구나 인정하는 공돌이의 깊이 있는 전문지식에 더불어 그것을 글로벌 시대에 걸맞춰서 자신 있게 영어로 표현할 수 있다면 더할 나위 없는 강점을 갖추게 될 것이다. 이제는 다국적으로 기술 아웃소싱, 제휴 및 벤치마킹 등이 활발해지면서 엔지니어 간의 국제 교류가 활발해지는 만큼, 언제 어디서나 자유롭게 의사소통이 가능한 외국어 구사 실력을 갖춘 공돌이는 조직 안에서, 마치 모래 속에서 빛나는 진주처럼 가치를 인정받게 될 것이다. 많은 사람들은 영어를 넘어서 제2외국어, 심지어 제3외국어까지 넘봐야한다고 주장하는 시대이지만, 가장 기본이 되는 세계 공용어인 영어부터 잡고서 다른 언어 학습을 도모하도록 하자. 어학도 결국엔 끈기와 집념의 싸움이다. 매일같이 낙숫물이 바닥을 뚫는 마음으로 정진한 사람만이 결국 또 다른 하나의 '뇌'를 얻는 영광을 차지한다.

공돌이를 위한 변화 전략 7

비즈니스맨 공돌이
당신은 또 한 명의 CEO다

현대 경영학의 구루이자 아버지로 불리는 피터 드러커는, "21세기의 가장 주목받는 노동계층인 지식근로자는 바로 개개인이 조직 안에서 CEO가 되어야 한다."고 말했다. 지식근로자 개인 각자가 스스로 마치 조직의 CEO인 것처럼, 빠르게 의사결정을 할 줄 알아야 하며, 바깥 세상에 눈을 기울이며, 현장(또는 고객)의 목소리를 늘 들어야 한다는 것이다. 공돌이는 피터 드러커 박사가 언급한 '지식근로자'의 전형적인 모습을 가진다. 물론 공돌이가 육체적으로 실험 노동을 반복수행하는 근로행위를 하지만, 무엇보다 공돌이, 즉 엔지니어의 본질은 세상을 편하게 만드는 기술 및 아이디어를 발굴해내는 것이다. 언제나 수첩과 메모지를 가슴 한

쪽에 준비해두고서 번뜩이는 아이디어가 떠오르면 바로 메모하고 골똘히 묵상해야 한다. 세상을 위한 아이디어를 내라. 그리고 자신이 낸 아이디어로 인한 수혜를 받을 예상 고객들이 누군지를 늘 생각해야 한다. 즉, 이전까지는 없던, 새로운 '가치'를 만들어내는 사람으로서 공돌이는 담당 기술분야의 전문지식도 필요하지만, 세상의 필요를 바라볼 줄 아는 비즈니스 감각을 키워야 한다. 세상이 목말라하는 문제 해결의 갈증을 달래주지 못한다면 그것은 아무리 세계 최고의 신기술이라고 하더라도 상아탑 안에 갇힌 논문 테마로만 그칠 뿐이다.

기업에 들어가면서 공돌이가 가장 많이 듣게 될 얘기는 '싸고 성능 좋게'일 것이다. 이윤을 못 내는 제품은 만들지 않는 것이 현명하다는 이야기를 제일 많이 들을 것이다. 아무리 좋은 제품이라도 가격이 비싸면 고객은 절대 구입하지 않는다. 매장에서 실컷 제품을 들었다 놨다 만지작거리다가는 결국엔 지갑을 냉철하게 닫고 돌아선다. 제품 개발에 대개 1년(휴대전화와 같은 제품은 빠르면 2개월~3개월) 정도의 개발 기간이 잡히고, 기업이나 연구소 등은 엄청난 규모의 투자금을 R&D 센터에 퍼붓는데, 결국에 시장에서 냉철하게 소비자들에게 외면당한다면 얼마나 서글픈 일인가. 분기별 실적 보고가 시작되면, 제품 라인을 맡은 영업맨들과 마케팅 부서에서는 일시에 연구개발팀 부서를 욕하기 시작할 것이다. 고객의 마음을 세심하게 헤아리지 못하는 무식한 공돌이들 때문에 이 지경까지 돈 낭비에 이르렀다는 것이다. 신제품 출시를 위한 초기 아이디어 수립 및 개발 단계에서부터 수요와 공급, 시장의 주요 니즈Needs를 감잡을 수 있는 비즈니스 감각을 가지고 있지 않다면 그 제품의 시장 성공 가능성, 즉 대박 가능성은 거의 0에 가깝다고 해도 과언이 아니다. 그러기에 오늘날에는 공돌이에게 더욱이 한 가지 더 숙제가 주어진 셈이다. 비즈니스 감각, 즉 시장의 흐름을 꿰뚫어볼 줄 아는 시야를 가져야 한다. 물론 하루아침에 없던 시야가 심 봉사 눈 트이듯이 확 트이는 것도 아니고, 감각을 선물처럼 받는 것도 아니지만, 늘 손에서 비즈니스 저널과 경제 트렌드 매거진 정도는 쥐고 있어야 한다. 요구사항이 점점 더 늘어나 회사생활하기가 힘들다는 공돌이의 원성이 하늘을 찌르고 있지만, 나날이 경쟁이 치열해지는 요즘 세상에서는 가만히 대기업 연구소 안에서 철밥통 월급을 받으며 살 생각은 일찌감치 버리는 것이 좋다.

 모 국내 굴지의 대기업에서는 신입사원이 입사하면 전공불문, 지원부서 불문하고 모두 영업점으로 내쫓는다고 한다. 약 3개월 정도 실제 대리점에서 고객의 현장에 첨병들로 서 있는 영업사원들과 함께 뜨거운 소비자와의 입씨름 현장을 주목하라는 상부 Head Quarter의 지시라는 것이다. 쑥스러워서 매장 뒤에 멀찌감치 숨어 있는 신입들은 점차 시간이 흐르면서 고객과 말을 섞으면서 실제 제품에서 어떤 기능이 필요하고, 어떤 건 아예 필요가 없고,

고객이 요즘 어떤 트렌드의 제품을 좋아한다는 것을 몸소 체득하게 된다. 그러고 난 후, 현업에 배치된 공돌이가 과거 신입 교육 때의 경험을 살려서, 실감나는 개발 업무를 진행할 수 있는 것은 당연한 일이다. 또는 어떤 기업은 신입사원을 기존의 영업사원과 함께 섞어서 모종의 프로젝트를 진행하게 하는데, 바로 소비자의 하루를 곁에서 찰거머리처럼 지켜보는 일이다. 모종의 '고객 그림자 되기' 프로젝트인데, 이것은 무엇보다 일반 중산층 고객의 하루 생활모습을, 고객의 양해를 먼저 받고, 곁에서 묵묵히 지켜보면서 구매습관, 소비양식에 대한 영감Insight을 얻는 것이다.

자신을 바라볼 때는 보이지 않았던 것이, 타인을 24시간 잠들기 전까지 지켜보면서 고객이 실제 어떻게 생활하고 있으며, 그 안에서 우리 제품은 어떠한 역할을 하는지, 고객은 어떤 부분을 더 원하는지, 어떤 생활습관을 가지고 있으며 그것을 어떻게 우리 제품에 연결할 수 있는지에 대한 건설적인 아이디어를 무한히 산출물로 뽑아낼 수 있게 된다.

혹시 지금 글을 읽는 독자가 수줍고 낯가리는 공돌이라면, 굳이 이러한 액션을 취해야하나 싶을지 모르겠다. 과거 20년 전만 해도 공돌이는 리버스 엔지니어링Reverse Engineering이라고 해서, 타 경쟁 업체의 제품을 가지고 와서 거꾸로 분해하고, 그것을 바탕으로 약간의 성능만 개조해서 자사 제품으로 변환하는 일을 주로 하곤 했었다. 타사의 경쟁 제품을 얼마나 유사하고 빠르게 시장에 출시

해낼 수 있는가가 중요한 역량이 되었다. 하지만 이제 공돌이 세계에서, 공돌이의 역할은 'Total R&D'라는 말로 정의하는 게 적합할 듯싶다. 눈뜨고 나면 소비자를 혹하게 만들 신제품, 신기술이 펑펑 여기저기서 태어나는 요즘, 공돌이들은 마케팅, 소비자 요구 파악부터 마지막 양산 완료까지 모두 참여하여 성과를 드러내는 역량을 갖추어야 한다.

스티브 잡스는 창업 초창기 때에는 나이가 한 살 차이나는 세기의 경쟁자 빌 게이츠를 가리켜, 정교한 기술 확보 없이 돈만 벌 줄 아는 사업가로 비하하곤 했다. 하지만 이후 회사에서 쫓겨나는 등 큰 실패를 겪고 나서는 현재 빌 게이츠보다 더 감각 있는 사업가가 되어서 업계에 복귀했다. 그가 해마다 만들어내어 시중에 첫 발표하는 아이팟 MP3 플레이어, 아이폰, 아이맥 등의 제품은 기가 막힌 가격 라인을 가지고 소비자에게 제시된다. 애플 마니아가 생길 정도로 모든 소비자가 선호하는 애플사의 멋진 제품군을 보면 그 안에 애플의 기술이 홀로 들어가 있지는 않다. 제품 내부의 주요 칩들은 한국과 중국, 일본에서 생산된 것들이며, 스티브 잡스는 뛰어난 협상 능력을 발휘하여 부품 구매 비용을 낮추었다. 필요하다고 생각되는 아이디어는 다양하게 수집하여, 기가 막힌 제3의 제품으로 탄생시켰다. 소비자가 가장 편하게 사용할 수 있는 관점에서 제품을 디자인한다. 그리고 그것이 얼마나 편리한지 CEO인 스티브 잡스가 직접, 매년 제품 발표회 때마다 시연을 한다. 그의 프레젠테이션이 당연히 사람들의 마음을 사로잡을 수밖에 없고, 수많은 딜러Dealer들과 고객들이 기립박수를 치는 것은 어쩌면 당연한 결과이다. 중요한 것은 스티브 잡스는 명문 MBA 출신도 아니고, 영업맨 출신도 아니었다. 세계 유수의 대학을 졸업한 것은 더더욱 아니었으며, 심지어 대학 중퇴자이다. 화려한 MBA가 비즈니스의 성공을 보장하는 것은 아니라는 것이다. 본능적이라고까지 말할 수 있는, 소비자의 숨겨진 니즈를 찾아내는 엄청난 수준의 직감과 추진력이 오늘날 애플의 주요 성공요인 중의 하나이다.

한국의 작은 대학 실험실에서 좁은 시야를 갖고 가만히 세월을 흘려보내고 있기에는 우리네 공돌이를 위한 세계무대가 너무나 드넓다. 학문의 범위를 뛰어넘는 시야의 도약이 필요하고, 공돌이는 오직 기술로만 먹고사는 사람이라는 편견의 버림이 필요하다. 당장 시내 서점으로 나가서, 《포춘》지나 《포브스》지와 같은 비즈니스 잡지를 집어들라. 또한 대학 학부 과정에서 전공 서적을 가지고 원론적인 이론 지식을 쌓으면서, 더불어 부전공으로 경영학원론, 마케팅 이론 등은 기본으로 이수해야 도움이 될 것이다. 요즘엔 온라인 강의툴로 저명한 경영인들의 경영실례가 담긴 비즈니스 철학 및 노하우가 제공되고 있으니 그것을 짬짬이 들어보는 것도 지식 습득에 도움이 된다. 전공 관련 도서는 수업시간에 열심히 듣는 것으로 그만 그치고, 휴식 때는 오히려 가벼운 마케팅 사례를 소개하는 도서나 경제·경영서를 탐독하는 것이 교양확장에 도움이 된다. 언젠가는 CEO가 되어 성공한 경영인으로 거듭나는 멋진 꿈을 가지고 있는 자라면, 더할 나위 없이 세상의 니즈에 목이 말라서, 단비처럼 내리는 지식들을 빨아들일 수 있을 것이다.

지금까지는 회계와 경제, 경영 분야 등에서 생각 없는 공돌이라고 천대받아왔지만 이제는 우리네 공돌이들도 혁신Innovation해서 스스로를 업데이트해보자. 공돌이가 천성적으로 또는 후천적으로 보유할 수밖에 없는 논리력과 꼼꼼함, 그리고 더불어 유연한 비즈니스 감각까지 갖춘다면 더할 나위 없이 멋지지 않겠는가. 언젠가는 비즈니스 감각이 균형 있게 잡힌 그런 유연한 공돌이가 되어, 인문대생의 결론 안 나는 무한 끝장 토론 속에 끼어들어 따끔하게 그들의 좁은 비즈니스 감각을 집어주고, 공대생의 자부심인 기술력까지 겸비했음을 칭찬받는 기회를 가져보길 기대한다.

지금 즉시 실행하라
언제까지 생각만 하다 말 것인가?

 지금 이 순간에도, 어디선가 이 세상에 있는 수많은 사람들은 기상천외한 아이디어를 수없이 쏟아내고 있을지 모른다. 발칙하면서도 기막힌 아이디어가 수천 개씩 국제 특허 사이트에 오르내리고 있으며, 실험실에서, 삶의 현장에서, 또 누군가의 머릿속에서 무언가가 꿈틀대고 있을지 모를 일이다. 비록 시작이 미약하지만, 언젠가는 세상을 향해 엄청난 파급력을 끼치며, 기존까지 존재해왔던 기술 수준과 시장 판도를 한 번에 뒤엎을 수 있는 수준의 아이디어가 어디선가 공유되고 발전되고 있을 것이다. 일례로, 우리가 과거 어느 삶의 순간에 그저 하루하루 목메며, 열심히 순간을 살아내고 있을 때 지구 반대편에서 제3의 통신 혁명이라는 '스마트폰'이 누군가의 머릿속에서, 손끝에서 나올 준비를 하고 있었다는 것을 생각해보라. 어쩌면 소름끼치는 일이기도 하며, 또한 미래가 기대되는 일이기도 하다.

하지만 일상을 살아가고 있는 우리가 쉽게 상상하고 예측하는 것과는 달리, 세상은 그렇게 급변하지 않는다. 새로운 기술이 바로 아이디어 개발과 동시에 세상에 쏟아져 나오며 누군가에게 막대한 부를 가져다 줄 것 같지만 현실은 그렇게 호락호락하지 않다. 왜 그럴까? 그것은 이 세상에 성공을 꿈꾸는 수많은 사람들이 있지만, 정작 세상이 말하는 성공을 이룩한 이는 1퍼센트에 들까 말까한 이유와 비슷하다. 남들이 정말 궁금하게 여기는 '어떠한 벽'을 뛰어넘어서 변화와 성공을 일구어내는 자의 비결은 바로 아이디어를 즉시 행동에 옮기는 것이다. 에디슨이 처음으로 전구를 개발해냈을 때에도, 그때 이미 같은 동시대, 다른 곳에서 또다른 전구를 개발하는 이가 있었다. 하지만, 하루 또는 어쩌면 한 시간이라도 먼저 자신이 세상에 공개할 기술을 가지고 재빨리 특허청으로 달려간 이에게 신은 간발의 차이로, 그를 역사 속에서 영원히 기억될 영광을 안겨주었다.

작지만 위대한 원리, 실행이라는 것의 또다른 친근한 예를 알아보자. 스티브 잡스가 생각해낸 아이폰과 아이패드의 개념은 실은 새로운 것이 아니라, 거대 공룡기업들에서 이미 아이디어 검토가 끝나고 그 수준에서 더 이상 진전 없이 그저 아이디어 상태로 머

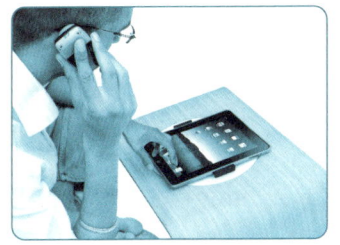

물렀던 제품이다. 누군지 모르지만 처음 아이폰과 아이패드를 낳을 수 있는 초창기 아이디어를 생각해낸 사람은 지금 아마 땅을 치며 후회하고 있을지도 모르겠다. 이렇듯 누군가의 파워포인트 장표에서 잠들어 더 이상 들추어지지 않거나, 아이디어 시트 또는 책상 위의 메모지 안에 들어 있는 아이디어 그림은, 실제 세상에 프로토타이핑Prototype으로 보여지기 전까지는 살아 있는 것이 아니다. 말 그대로 아이디어는 그저 아이디어일 뿐이다. 우리가 보유한 주식과 펀드의 수익률이 심지어 50퍼센트 이상 올랐다고 해도, 그것을 매도하지 않는다면 그저 그것은 인터넷 화면 안의 숫자에 불과한 것과 마찬가지인 것처럼 말이다.

세상을 놀라게 하는 이들은 과감히 아이디어 착상에서부터 실제 제품의 생산까지 그 모든 라이프 사이클을 몸소 직접 실행해낸다. 남들이 좀 더 시장의 상황을 기다려보라고 할 때, 또는 아직

때가 이르니 좀더 두고보자고 말할 때, 역사를 만드는 사람들은 과감히 옳다는 확신을 가지고 실행에 옮긴다. 물론 그들에게 어려움과 고난의 과정이 전혀 없는 것도 아니며, 그들이 또한 역경을 예상치 못하는 것들도 아니다. 성공하는 이들에게는 예상되는 고난을 맨몸으로 뚫고 지나가는 배짱과 포부가 있으며, 성공을 향한 강력한 긍정의 동기가 있다. 또한 자신의 조그만 업적과 영광을 드러내기보다 세상을 향한 단순한 위대한 의미에 집중하는 경향이 있다.

미국에서 거대한 유통 혁신을 일구어내었고, 사람들이 가장 많이 찾는 대형 마트인 월마트Walmart의 창시자 샘 월튼은 월마트를 설립한 동기가 '그저 사람들이 싸게 살 수 있는 마켓'을 만들어보고 싶었다고 한다. 그리고 그는 시골의 아주 작은 헛간에서부터 그 꿈을 키워냈다. 지금의 월마트는 지속가능한 성장을 계속하는 월마트의 강력한 핵심가치의 보존이며 대중을 향한 노력의 결과물이다. 또다른 예로 국내에서 처음 컴퓨터 백신을 개발하고, 네트워크 보안의 중요성을 일깨운 안철수 교수는 그저 그의 천직이었던 의사의 마음으로, '안전한 컴퓨터'를 만들고 싶었을 뿐이었다. 그 포부가 점차 확대되어 전세계 해커 등으로부터 국가 및 사회, 개인의 소중한 정보자산을 보호해주고 싶다는 의미로 확장되어 '백신'이라는 제품이 세상에 나왔다.

행동하지 않은 계획은 죽은 것이나 다름없다

　수많은 젊은이들이 서점에 나와 있는 수많은 자기계발 서적들을 읽지만, 왜 위기의 순간에는 늘 포기하고 또는 자기계발서는 늘 그저 그래라고 하며 주저앉고 마는가. 그것은 앞서간 사람들의 좋은 노하우와 경험이 담긴, 지적자산의 결정체를 읽고서 단 한번이라도 행동에 옮겨보지 않기 때문이다!

　실험과 데모 테스팅 없이 그저 아이디어에 머물러 있는 생각들이 논문이나 시제품 등을 통해서는 세상으로 드러나지 않으며 절대 세상의 빛을 보지 못한다는 것을 알 것이다. 아이디어가 실제로 세상에 나왔을 때야 세상의 고정관념과 당신의 확신으로 똘똘 뭉친 아이디어 간의 본격적인 싸움이 시작된다. 그때부터가 진정한 게임인데, 어떻게 머릿속으로 단순히 떠올리다가 자식과 같은 그 아이디어를 스스로 저버린단 말인가.

　저명한 비즈니스 컨설턴트들도 매년 기업의 수익성을 높이고, 효율을 극대화하는 수많은 컨설팅 산출물을 내놓지만, 그들의 고객 기업들 다수가 효과를 보지 못하는 것은 기업 구성원이 그것을 제대로 실행하지 않기 때문이다. 단순히 몇몇 관리자 개인의 시각에서 편협하게 타인의 지혜와 통찰을 어리석다고 폄하하거나 겸허히 받아들이지 못할 때 그들은 한 번 더 도약할 좋은 기회를 상실한다. 실제 행동을 취해보지 않은 계획은 죽은 것과 다름없다.

국내 대기업인 L모 전자는, 2000년대 초반 빠른 실행력Fast Execution이라는 키워드를 사내의 행동 강령으로 삼기도 했었다. 이것은 지금까지도 비즈니스 성과 창출 측면에서 그 효과를 인정받고 있는 도요타의 생산방식 'JITJust In Time'와도 유사하다. (실제 L모 전자는 도요타의 생산방식을 많이 벤치마킹했다.) 새로 입사하는 신입사원들에게 모든 임직원들은 빠른 실행력을 강조하며, 신입사원들은 처음 교육 때부터 아이디어 창출 후 바로 프로토타입으로 옮겨보고 아이디어 효과를 입증하는 경험을 했다. 그러한 임직원들이 곳곳에 배치되자 당시 기업의 생산성은 크게 향상되었다. 그들이 때론 목청껏 부르짖던 혁신의 원동력도 결국엔 즉시 실행되었다. 이것은 문제를 해결하고 리스크를 방지하는 효과를 함께 가져오도록 한다. 가만히 앉아서, 문제가 풀리기만을 기다리기보다는 문제 발생 즉시 해결책을 강구하고, 상부에 즉시 문제를 보고함으로써 더욱 크나큰 기업 실적 손해로 이어지는 사고를 막기도 했다.

필자가 본 지면에서 할애한 7대 변화 전략을, 누구나 한 번쯤은 생각해봤으며 또한 외부 지인으로부터 들어봤다고 얘기할 수도 있겠다. 이것들이 모두 이해하기 쉬운 전략임은 분명하다. 하지만 진정으로 변화하는 자와 변화하지 않는 자의 차이는 읽는 것에서 그만두느냐, 아니면 실제로 행동에 옮기느냐에 있다. 세상에서 가장 무서운 자는 생각한 것을 그대로 행동에 옮기는 자라고 했다. 머릿속에 있는 발칙한 아이디어를 옮기는 자가 바로 뛰는 놈 위에 '나는 놈'이 된다. 그것이야말로 세상 사람들이 말하는 추진력이며, 과감한 리더십의 기본이 되는 것이다. 옳다고 판단된다면(논리적으로 때론 직관적으로) 즉시 행하라. 당신이 세상에 나와서 무엇을 할까 고민하는 스무 살에, 이 시대 거대한 두 거인 스티브 잡스와 빌 게이츠는 아이디어를 들고 창고로 들어갔다. 그들은 자신이 옳다고 생각했고, 그대로 행했다.

1년에 책을 20권씩 읽는 사람들에게 가장 무서운 것은, 그 20권 안의 엄청난 지식이 아니라 어디서든 매일 꾸준히 독서를 실행하는 힘이다. 그들이 일주일에 몇 권을 독파하느냐를 따지는 독서량과 책을 읽겠다는 의지 자체보다는 언제 어디서든 책을 집어드는 그 행함의 능력에 집중해야 한다.

필자가 제시한 7대 변화 전략을 읽음으로써 마음에 마인드 셋팅 Mind Setting을 고르게 이루어냈다면, 이제 필자가 본 장에서 결론적으로 말하고자 하는 마지막 조언은 바로 '행함Action'이다. 그것이 공돌이가 껍질을 깨고, 새로운 세상을 맛보는 마지막 통과 관문이며 절차이다. 뭔가 대단한 지혜의 정수를 원했는데 혹시 실망스럽게 느껴지는가? 코카콜라 다음으로 전세계 2위의 브랜드 가치와 100년 세일즈 역사를 가지고 있는, 위대한 기업으로 일컫는 IBM이라는 회사는 지금도 임직원에게 'STOP TALKING START DOING'이라는 화두를 주창한다. 책상 앞에서 혁신과 성과 창출을 공허하게 외치기보다 IBM의 임직원들로 하여금 전세계 기업 고객을 상대로 가치를 직접 찾아가 전달하기를 강조한다.

우리가 정말 대단한 것을 발견해야 하는 것인양, 머리를 싸매고 밤새워 고민하고, 노트북 앞에서 분노의 타자질을 하고 있더라도 우리를 일깨우는 진리는 정말 이렇게도 단순한 것일지 모른다. 이제 그만 책상에서 세상을 탓하며, 사업을 해야지, 성공해야지, 학위를 받아야지 하는 생각은 그만두고 자리에서 일어서야 할 때다. 아주 작은 것부터, 아주 오랫동안 옳다고 생각해왔던 그 길로 달려가길 바란다. 행동에 옮기면서, 실제로 같이 변화를 향한 트랙에서 뛰고 있는 동지들을 많이 만날 것이다. 그들과 팀을 이루기를 추천한다. 때로는 에너지가 고갈되고, 행함의 의지가 상실되었을 때 팀원들과 함께 격려하며 꿈을 향해 다시 한 번 실행해보라. 동지가 단 2명이라도 좋다. 포기하고 싶을 때 희미해져가는 꿈을 다시 세우게 만드는 힘이 바로 팀워크로부터 나올 수도 있다. 현명하게 행동하기 위해서, 다음과 같은 과정을 거쳐야 한다.

① 자신이 정말 즐거워하는 그것에 미쳐 아이디어를 내보라. (Thought)
② 그 아이디어가 세상에 미치는 광대한 영향을 판단해보라. (Value)
③ 옳다면 확신을 가지고 행하라. (Action)

①과 ②의 과정을 통해 ③을 행하면, 우리가 본 지면에서 계속

이야기해왔던 큰 줄기에서 크게 벗어남이 없다할 수 있겠다. 필자는 머지않아 이 글을 읽는 독자들이 남들과는 다른 세상 속의 레이어에 위치한 자신을 발견하길 소망한다. 꿈이 있고 주저 없는 행함이 있는 자유로운 곳 말이다. 그곳을 향한 길은 어쩌면 외롭게 보일 수도 있다. 애벌레가 화려한 날개를 가진 나비로 세상에 멋지게 데뷔하는 순간은, 고치의 끝을 뚫고 나오는 그 순간부터이다. 고치를 뚫어내리라 마음먹었던 그 행함의 순간부터다. 그때부터는 그간 고난을 통과하며 겪어야만 했던 수많은 서러움은 사라지고, 새로운 에너지가 가슴속을 가득 채울 것이다. 필자가 이 지면상에 글을 퍼부어 옮기고 있는 지금, 바로 이 시각, 이 세상 어느 곳에 있을지 모를, 내가 모르는 우리 공돌이 동지, 그대의 멋진 세상 속 데뷔를 진심으로 바란다.

 READING  TRAVELING  MENTORING

 INSPIRATION

 CHANGE

 2nd LANGUAGE

 BUSINESS

3부

껍질 밖의 세상으로 나오다

나는야, 색깔 있는 발칙한 공돌이
∎
공대 나와서 뭐하고 살래?
∎
브라보 공돌이 라이프

　인간은 본능적으로 변화 자체를 두려워하는지 존재인지도 모른다. 하지만, 인류 역사를 돌이켜보았을 때 조직과 사회 안에서 기억될 만한 흔적을 남기는 인물들은 주변의 반대와 저항을 무릅쓰고 변화를 시도한 인물들이다. 그들은 변화를 향한 씨앗을 묵묵히 심었고, 누구도 쉽게 동의할 수 없는 거대한 사회적 정념과 진리에 맞서 정면으로 도전했다. 그 결과 자신만의 싹을 틔워냈다.

　본 장에서는 껍질을 깨고 거듭난 차세대 공돌이들의 차별화된 모습을 정의한다. 그리고, 껍질 밖의 세상으로 가는 길(학업의 진로, 직장의 진로, 인생의 진로 등)에서 마주치는 실질적 고민으로 인해 더 이상 번뇌 속에서 요동치지 않도록 내적 중심을 잡을 수 있는 기준을 제공한다. 껍질을 깨는 노력이 결코 자신의 머리를 망치로 내려치고 현실 안에서 도태되어버리는 일이 아님을 강조할 것이다.

　또한 세상의 편견과 고루한 관념에서 스스로 기성화된 인생을 사는 것이 아닌, 주도적이고 넓은 시각으로 인생을 고루 디자인해볼 수 있는 역량을 갖춘 '차세대 공돌이'의 모습을 제안하고자 한다.

　껍질 밖의 세상은 더욱 다양하디. 그리고 2번째, 이어 3번째의 껍질을 깨기 위한 노력과 시간도 처음보다는 줄어든다. 더 많은 발전 가능성이 주어질 것이며 어느 순간 변화를 즐기게 될 것이다. 인생은 수많은 껍질로 이루어져있기에 어쩌면 고난의 연속이라 정의되는지도 모르겠다. 하지만, 인간이 놀라운 일을 일으키는 순간은 가보지 않은 길을 가기 시작하는 순간이다. 누구도 가보지 않은 길을 향할 때 그대들에게 껍질이 깨지는 소리가 들릴 것이다. 바로 그 타이밍이 놀라운 '변화로의 즐거움'을 마주한 순간이다.

나는야, 색깔 있는 발칙한 공돌이
편견을 깨며 짜릿함을 맛보라

지금까지 소개한 7개 전략을 하나의 툴로 삼아서 변화를 꿈꾸기 시작한 당신은 이제 두꺼운 껍질을 깨고 세상 밖으로 힘차게 비상할 새의 모습과 같다. 두려움 반, 호기심 반으로 변화를 시작한 당신의 모습은 바로 뜨거운 활주로를 박차고 드넓은 창공으로 막 이륙하는 비행기의 모습과도 같다. 유체 공학을 혹시 전공한 이들이라면 다음과 같은 사실을 충분히 이해할 수 있을 것이다. 육중한 비행기가 지상을 박차고 드디어 동체를 들어올려 허공에 뜨기 위해서는 엄청난 출력을 기반으로 하는 속력과 넓은 비행기 날개 면적이 필요하다. 드넓은 창공으로 뜨기 위해서 육중한 무게의 비행기는 엔진을 풀가동하여 활주로에서 맹렬히 돌진한다. 곧 하늘을 날게 되리라는 확신에 찬 믿음을 가지고 하늘을 향해 비행기를 몰아가는 파일럿의 심장이 가장 빠르게 뛰는 순간이 바로 이륙 순간이다. 극적인 변화의 순간에는 항상 긴장과 설렘이 있다. 필자는 공돌이의 운명을 숙명처럼 지고 살아가는 이 시대 수십만, 어쩌면 수백만 공돌이가 자신의 운명을 스스로 아무 생각 없이 받아들이지 않길 바란다. 난공불락처럼 보이는 세상의 룰에 과감히 도전하며 살아가길 원한다.

왠지 파리해보이고, 소심해보이고, 또 심지어 궁핍해보이는 그런 20세기 공돌이의 모습과 편견을 과감히 털어내라. 때로는 "고것 참 발칙한 놈일세!"라는 말을 들을 수 있을 정도로, 희한한 생각을 꿈꾸는 젊은이들이 우리나라에서 많이 쏟아져 나오길 진심으로 소망한다.

자신이 세운 기업 애플에서 쫓겨난 스티브 잡스가 새로운 비전과 통찰력을 가지고 픽사를 인수하여, 최초의 컴퓨터 3D 애니메이션 영화를 찍었을 때의 일이다. 업계 사람들은 이러한 유치한 컴퓨터 영화를 극장 안에서 끝까지 볼 관객이 아무도 없다고 평가했다. 하지만, 역사상 최초의 3D 애니메이션 〈토이 스토리〉가 개봉된 후, 전세계에서 3억 6천만 달러의 대흥행을 기록했다. 스티브 잡스가 도전해서 열어둔 이 길 위에 〈토이 스토리2〉 〈몬스터 주식회사〉 〈인크레더블〉 등의 작품들이 흥행으로 이어지면서, 그는 또다시 자신의 발칙한 상상력이 옳았음을 세상에 증명해냈다.

인생 밑바닥까지 처참하게 떨어졌던 공돌이 CEO가 "봐, 이런 것도 여기 있잖아." 하고 말하는 듯, 세상 그 누구도 몰랐던 가치를 새로 발견했던 것이다. 그것도 전혀 자신의 전공과 다르고 현장 경험이 전무했던, 애니메이션 분야에서 말이다.

지금 당신은 밤새 설계 도면을 PC로 드로잉해야 하는 기계 공학도인가? 아니면, 밤새 납땜으로 답답한 클린룸에서 벗어나지 못하는 전자 공학도인가? 10,000라인 프로그래밍 코드를 밤새 짜고 디버깅을 해야 하는 컴퓨터 공학도인가? 아무래도 좋다. 당신이 지금 걷고 있는 공돌이의 삶 속에서, 스스로가 이미 자신의 길에 대한 나름의 정의를 좋든 싫든 지금 내리고 있을 것이다.

혹시 지금의 길에 대해 실망스러워하고 있다면? 그럴땐, 과감히 현재 자신의 분야에서, 무채색 같은 삶에 변화를 줄 수 있는 코드를 찾아내라. 전혀 공돌이스럽지 않은 그것(필자가 7가지 변화 전략으로 제시한)을 지금 하고 있는 일 가운데 소소하게 시도해보라. 미약하지만 그래도 작은 변화가 일어나는가? 사람들이 왠지 자신을 새롭게 보며 긴장하는 것 같고, 스스로도 왠지 본인이 뿌듯하게 생각되는가? 인격 차별적인 오해를 불러일으키는 것처럼 들릴 수도 있지만, 세상에는 '유유상종'이라는 말이 말 그대로 진리로 실현되고 있는 것은 분명한 것 같다. 특이한 사람들이 군집을 이루고 살아가는, 어떠한 무형의 레이어가 분명 존재하는 것 같다. 즉, 본인이 변화를 통해 깨달음을 얻고 시야가 확 트이면 그것은 어떠한 레이어에 올라섰다는 의미가 되고, 바로 그 순간 그 레이어에서 같이 뛰고 있는 수많은 사람들(우리는 그들을 '동지'라 말한다)을 만나게 된다. 그리고 그 공동체 안에서 상호소통하면서 개인은 더욱 성장을 거듭하며, 다음 단계로 한걸음 더 올라설 수 있는 에너지를 얻고, 변화를 다시 꿈꾸기 시작한다. 레이어 상향 이동을 위해서는 변화 시도→고난의 마주침→강렬한 에너지 소모 등의 과정을 언제나 반복해서 거쳐야 한다. 사람은 대개, 고난을 통과하는 과정에서 엄청난 변화를 자의반 타의반 겪는데, 바로 그것이 한 개인을 성장시킨다. 그러한 변화하는 과정을 거부하지 않고 즐기며 보낸 사람들은 언제나 새로운 즐거움을 맛본다.

이것은 비단 공돌이 인생에 국한되는 것이 아니라 발전을 꾀해왔던 역사 속 모든 인간사 과정에서 흐르고 있는 주요한 법칙일지도 모르겠다. 나는 변화를 꿈꾸는 공돌이들이 자신의 색깔을 그 누구도 쉽게 정의할 수 없는 오묘한 색깔로 가지기를 바란다.

타인이 보기에, 누군가 걸어온 그 길을 쉬이 예측할 수 없을 정도로, 사람들의 편견을 깨는 발칙한 공돌이가 되어가기를 바란다. 예컨대, 낮에는 공과대 수업으로 전공을 공부하다가 저녁에는 세상 이슈에 대해서 거침없이 토론해가는 공돌이, 주말에는 컴퓨터와 전공서적을 파기보다 카메라를 들고 세상으로 뛰어들어 사람들의 일상 속에서 뜨거운 호흡을 찾는 공돌이, 인간의 감성을 파고드는 소설을 쓰는 공돌이, 삭막한 우리 사회의 아픔을 달래주는 기술을 개발할 수 있는 공돌이. 그런 존재들이 많이 나오는 세상이 되길 희망해본다. 변화를 즐기면 즐길수록, 그 안에서 부지불식간에 깊이를 더한 창의력을 발휘할 수 있을 것이다.

얼마 전에 정부는 엄청난 자본을 투자하여, 우리나라에서도 스티브 잡스와 같이 영향력 있는 CEO가 많이 배출될 수 있는 기업이나 학교를 지원하겠다고 정책을 내놓았다. 그러나 이 이슈에 대한 본질은 어쩌면 단순한 돈과 관련된 투자 문제가 아닐지 모른다. 제2의 스티브 잡스라는 걸출한 존재가 제도적으로 훈육되어 세상에 나오기 이전에 근본적으로는 그도 하나의 인간에 불과하므로, 결국엔 후천적 환경으로부터 얻은 공돌이 본성을 어떻게 다루어야 하는지를 고민하는 기본적인 문제가 앞서야 할지 모른다. 과감한 변화를 통해 그들을 변화 개조할 수 있는 장치 또는 과정을 만드는 것이 우선일 것이다.

딱딱한 전공서적과 반복되는 커리큘럼 안에서 그들을 키우는 것은 암울한 운명의 공돌이를 대량 생산하는 결과만 가져올 것이다. 해마다 졸업 이후 배출된 수십만 공돌이는 모두 훈련된 듯, S전자와 L전자 대기업을 향해 헤쳐 모여 달려가고만 있고, 그 주류에 적응하지 못한 3~4년차 공돌이는 모두 중소기업으로 자리를 옮기는 등 메뚜기 한철 신세를 면치 못하고 있는 게 우리네 과학기술 공학계 현실이다. 그저 남들이 가니까, 나도 그 길에 동참해서 거대한 수백 퍼센트 연말 보너스 받아보자라는 것으로 자신의 인생을 정의한다면 공돌이 인생이 얼마나 슬픈가. 젊디젊은 청춘의 그 인생 가치를 단순히 연봉 몇천 차이에 한계선을 그어버린다면 우리는 무엇을 위해 일하고 사는 것일까. 그러한 굴레를 벗어나려면, 이제는 남들이 가지 않는 다른 길로 과감히 색다르고 발칙한 선택을 할 때다.

우리와 비슷한 동시대를 살아냈던 위인들의 과거를 한 번 살펴보자. 우리가 그렇게 열광하는 애플의 천재 공돌이 CEO는 남들처럼 휴렛팩커드나 인텔과 같은 거대 공룡기업으로 입사하지 않았다. 빌 게이츠도 또한 하버드 대학교를 중퇴하고, 동료 폴 앨런과 함께 마이크로소프트를 만들었다. 그들은 20대 초반에 아이디어와 배짱 하나만 믿고 어두컴컴한 창고로 들어갔다. 그리고 이윽고 세상을 놀라게 하는 제품을 가지고 나와서 30대에 백만장자 대열에 이름을 올렸다. 당시 세상 밖 고정관념에 사로잡혀 있던 이들은 그들을 가리켜 건방진 애송이라 폄하했다. 하지만, 이같이 걸출한 용기 있는 자들의 선택이 옳았음이 세상에 증명되었고, 결국 다른 모든 이들은 이들을 부러워할 수밖에 없었다.

세계에서 가장 영향력 있는 경영 구루Guru 중에 한 명으로 일컬어지는 세스 고딘은 자신의 저서 『린치핀Linchpin』에서 "편안함을 느낄 수 있는 길은 언제나 사람들로 붐빈다. 그런 상황에서 진정한 편안함을 찾기란 매우 힘들다. 역설적으로 차이를 만들고 자신만의 발판을 찾는 사람들은 불편함을 일부러 찾는 사람들이다."고 말하며 세상 속에서 당당히 불편함을 일부러 찾으라고 강조한다. 자신의 목소리와 자신만의 길을 찾기 시작했을 때, 시험처럼 다가오는 불편한 어떤 느낌, 이것을 넘어야 한다. 편안하지 않기 때문에 주위 사람들로부터 고립된 듯한 느낌, 이것을 극복해야 한다. 이 장애물이야말로 타인과 자신을 차별짓게 만드는 첫 발걸음이 되기 때문이다.

어찌 보면, 공돌이라는 길 자체도 다른 사람들이 쉽게 찾지 않는 힘든 길이라 생각할 수 있지만, 학부 4년 후 판박이처럼 수없이 인력시장에 쏟아져 나오는 수십만 공돌이 무리 안에서 나라는 사람을 선명하게 정의하지 못한다는 것은 얼마나 안타까운 일인가.

필자는 지금 이 시간 어디선가에서, 세상의 편견과 싸우며, 모방할 수 없는 자신만의 독보적인 길을 걷고 있는 공돌이에게 무한한 격려의 박수를 보낸다. 변화를 시도하기를 다짐하는 그들에게 위인들의 선례를 전하며 결코 그 선택이 헛되지 않을 것임을 말해주고 싶다. 껍질을 깨기 위해 끊임없이 부리가 부러지는 불편함을 감수하고 계속해서 세상을 두드리는 자에게, 기다리고 기다리던 그 보답이 한 걸음 더 가까이 다가와 있을 것을 확신한다.

> 내가 하려고 하는 일은 일찍이 전례가 없는 일이며, 앞으로도 흉내 내는 사람이 없을 것이다. 그것은 사람 하나를 발가벗겨 세상 사람들에게 전시하는 일이다. 그리고 그 인간이 바로 나 자신이다. -루소

공대 나와서 뭐하고 살래?
차세대 공돌이의 진로와 자기계발

이 시대를 살아가는 공돌이의 새로운 가치

이 시대에서 공돌이로 살아가기란 정말 만만치 않음은 분명하다. 공돌이라는 존재 자체를 두고 보여지는 수많은 사람들의 편견이나 우리네 공돌이 스스로가 만든 편견들도 만만치 않다. 대한민국의 인구는 갈수록 줄어든다고 하지만, 그 말이 무색할 정도로 현재를 살아가는 공돌이의 현실 속 경쟁은 그 어느 때보다도 심각한 것 같다. 본격적으로 꿈을 키우기 위해서 들어가는 대학에서 전공을 선택하는 것부터가 고민이고 경쟁이며, 졸업 후에도 성공적인 꿈의 발판을 삼을 진로선택 또한 마찬가지다. 전세계적 경영 베스트셀러『블루오션 전략』의 저자, 김위찬 교수는 "경쟁에서 이기는 방법은 경쟁을 그만두는 것이다"라는 엄청난 무게의 화두를 던졌다. 그 뜻을 곰곰이 살펴보면, 우리가 사는 이 세상을 하나의 '게임'이라고 본다면, 남들과 같은 방식으로 경쟁하지 말고, 새로운 방식으로 게임의 규칙을 정의하고 만들어보라는 의미가 될 수 있겠다. 기존 방식으로 경쟁하는 것을 그만두는 것이다.

이 시대 최고의 자기계발서이자 명고전 중 고전이라고 할 수 있는『성공하는 사람들의 7가지 습관』의 저자 스티븐 코비 박사도 현실의 문제를 바꾸기 위해서는 남을 바꾸려하는 것보다 스스로 먼저 변화되는 것이 현명한 방법이라 하지 않았는가. 필자는 스스로 탈바꿈하려는 강력한 마인드를 가지고, 앞서 본론에서 제시했던 7대 변화 전략을 과감히 도입, 적용해보려는 공돌이를 앞으로 '차세대 공돌이'라고 부르겠다.

'차세대 공돌이'는 거듭난 존재이다. 무언가 비슷하게 다른 것이 아니라 확실히 타인과 구별된 특징을 가진다. 7대 변화 전략을 따르다보면 아마도 개인에게 이것 하나만큼은 장점으로 받아들여지며 더욱 강화, 습관화시키고 싶은 욕구가 드는 포인트가 있을 것이다. 그것을 놓치지 말고 개인의 특장점으로 승화시켜라. 그것이 당신을 타인과 더욱 구별되게 만든다. 수많은 경쟁 속에서 당신을 경쟁 구도 밖의 게임의 장으로 꺼내게 만드는 열쇠가 된다.

물론 당신은 그 특장점을 무척이나 좋아해야 하는 기본적인 전제가 반드시 필요하다. 무언가를 잘하는 사람들은 그 무언가를 즐기는 사람들을 결코 이길 수 없는 법이다.

공대생으로 살아가기 힘든 요즘 시대의 가장 큰 무섭고도 놀라운 점은 하나의 트렌드 또는 경향이 전세계적으로 동시에 실시간으로 일어난다는 것이다. 따라서, 오늘의 신기술은 그다지 라이프 사이클이 길지 못하고, 또다른 신기술에 의해 금방 추격당한다. 쫓고 쫓기는 듯한 기술 경쟁 구도 사이에서, 이미 닭이 먼저냐 달걀이 먼저냐를 논하는 듯한 게임이 몇몇 핵심 기술 주도 기업들 사이에서 계속된다. 그리고, 하나의 제품은 히트의 가능성을 전세계적으로 열어놓고, 그 히트 가능성에 따라서 파급 효과 또한 전세계적으로 동시에 일어난다. 예를 들어, 애플의 아이팟이라는 손바닥 안에 쏙 들어오는 글로벌 히트 상품은, 단순한 전자 제품의 혁신뿐만 아니라, 전기·전자 제조산업을 뛰어넘어 그와 상관없는 듯한 다방면의 산업 구조에서의 기업 전략, 디자인 전략, 경영 마인드 등에 막대한 영향을 미쳤다. 언제나 히트 제조 상품 뒤에는 연구분야를 막론한 연구인력, 즉 공돌이들이 있기 마련이었고, 그들 가운데 별난 몇몇이 바로 역사를 만들어낸다. 공돌이가 일구어낸 작은 생각의 변화 하나와 아이디어를 곧바로 현장으로 옮기는 실행은 내일 수백만의 인류를 먹여살린 핵심 원천 기술로 이어지게 되는 것이다.

이 시대를 살아가는 공대생은 다시금 긍지와 자부심을 한 번 가져야 할 필요가 있다. 이 길은 내 길이 아니라고 그저 손 놓고, 다시 처음부터 다른 길을 개척하기보다, 스스로 변신을 주도적으로 모색해보아야 한다. 본인을 '차세대 공돌이'로 정의하며, '커뮤니케이이션'을 최우선으로 해야 하는 공돌이라고 스스로 정의했던 한 동료가 문득 생각난다. 그는 현실 속에서, 자신이 뛰어들어야 하는 트렌드를 '소셜' '오픈 커뮤니케이션' 시대라고 보았으며, 그에 맞게 스스로를 변화 적응시켰다. 그는 지금도 또다른 변화와 모험을 꿈꾸고 있다. 한 해가 지나고 새로운 한 해를 맞이하면 그 동료의 화두는 어떻게 바뀌어 있을까 너무나 궁금하다. 변화를 꿈꾸고, 현재 앉은 자리의 중력을 이기고 일어서는자, 그에겐 차세대 공돌이로의 거듭남이 시작된다. 거대한 관성 안에서 움직이는 타인들이 본다면 아주 꽤나 발칙해보이는 우리의 작은 시도가 지루하게만 느껴졌던 공돌이 인생을 크게 바꾸는 씨앗이 되는 것이다.

우리의 삶은 장기판과 같다. 여기서 나는 시간이라는 적과 경기를 벌인다. 내가 조금이라도 머뭇거리거나 움직임이 느릴 경우, 나의 말은 사정없이 장기판 밖으로 밀려날 것이다. 상대는 나의 우유부단을 절대로 그냥 넘어가지 않기 때문이다. -나폴레온 힐

졸업과 동시에 새로운 진로를 준비하는 공돌이를 위하여

공대생에게는 학창시절이 참으로 힘겹다. 공과대를 제외한 다른 계열 학과 학생들은 여유롭게 잘도 시간을 즐기며 학창시절을 보내는 것 같은데, 유독 공돌이만 도서관에서 벗어나지를 못한다. 두껍고 무거운 전공 필수 과목들 사이에서, 계산기와 함께 밤을 새워야 하는 날들이 많고, 남학생들은 군대라도 다녀오면 공부하는 맥이 끊겨서 다시 어려운 전공 공부의 감을 잡기가 여간 힘든 게 아니다. 우여곡절 끝에 학창시절을 보내고 곧 졸업 무렵이 다가오면 공돌이에게는 이제 현실적으로 자신의 전공을 바탕으로 직업을 정하고, 진로를 선정해야 하는 문제가 생겨난다. 학창시절 내내 맘 편하지 못하게 공부만 한 것도 억울한데, 다시 진로문제로 골머리를 싸매야 한다니······.

세상 물정 모르고 전공서만 파고 수년을 보낸 시간들이 왠지 안타깝고 현실이 서운하기만 하다. 진작에 다른 곳에 눈을 돌려서 많은 경험과 폭넓은 생각을 했더라면 진로와 관련하여 현재 본인이 내릴 수 있는 결정범위가 훨씬 더 많아졌을 수도 있었을 텐데. 공돌이의 길은 누가 뭐래도 스스로가 걷는 것이므로 이제라도 현명한 결정을 내리기 위한 조언들을 아래에 담아보았다. 필자 역시 아래의 여러 방법 중에서 하나를 선택해서 졸업을 앞두고 결정을 내렸고, 그리고 그 이후에도 몇 번이나 스스로에게 진지한 질문을 하며 변화의 길을 선택했었다. 여러분 또한 후회 없는 결정으로 고민이 해결되길 소망한다.

필자가 이제부터 언급하는 길은, 현재 졸업을 앞두고 미래를 고민하는 공돌이라면 도움이 될 만한 것들이다. 이것들은 필자가 나름 매일 같이 머리를 싸매고 여러분과 동일하게 해야 했던 고민들의 산출물이었으며, 다이어리에 적어두고서 삶의 방향을 놓고 고민했을 때 내게 떠올랐던 옵션들이기도 했다. 혹 독자 중에 본 섹션에 대해서 전혀 해당사항이 없다고 느껴지는 부분은 과감히 이 부분을 건너뛰어도 전혀 본 책의 핵심을 이해하는 데 문제가 없다.

국내외 대학원 석·박사학위 과정으로 가는 길

졸업을 앞두고 있는 공대생이라면 한 번쯤은 고민하게 되는 길이다. 대개 대학원 진학을 선택하는 이유는 첫 번째로 시간에 쫓겨서 취업을 급하게 하는 경우를 보류하고 석사학위 등을 가지고 이후에 보다 나은 직장을 찾기 위해서이거나 혹은 학부시절의 전공이 본인의 적성과 잘 맞아 동일 전공 안에서 보다 깊게 연구분야를 찾기 위해서다. 대개의 공돌이는 위와 같은 두 가지 경우를 고려해서 대학원 학위과정을 밟게 되는데, 대학원에 진학한 후에도 지속적으로 박사학위까지 욕심을 내어 해당 연구분야에 독보적인 길을 걷기로 작심하는 경우는 그렇게 흔하지 않은 것 같다.

공학 석사학위 정도를 가지고 추후의 길을 모색하는 경우가 더욱 많다. 어느 방향이든, 대학원을 진학한다는 사실은 학위를 받기까지 최소 2년은 연구분야에 매진해야 한다는 것을 의미한다. 그러기 위해서는 물론 본인이 전공분야에 대해 흥미를 느껴야 하며, '사수-부사수' 개념과 같은 방식으로 연구 노하우가 후배들에게 전달되는 대학원 수학 기간 동안의 고난을 감당해내야 한다. 석사, 박사 등의 학위를 가지면 분명 개인에게 있어서는 보다 확실하게 진로를 결정할 수 있는 시간적 여유와 학문적 깊이가 깊어지므로 통찰력 측면에서 유리한 면이 있다. 또한 사회로 나오기 이전에 이미 작은 기업 조직의 모습을 따르는 대학원 연구실의 제도를 경험함으로써, 업무수행 능력이나 연구수행 경력 등을 쌓게 된다. 이것은 분명 학부를 졸업하고 나서 취업한 인재와 대학원에서 보다 깊게 시간을 들여 해당 연구분야를 연구한 인재와의 차이를 만들어낸다.

 필자는 개인적으로 학부를 졸업하고, 학부시절의 겉핥기와 같은 전공분야에 대해서 한 번쯤 더 깊게 연구주제를 가지고 공부해 보는 것도 공돌이에게는 경력상, 업무경험상 유리하다고 생각한다. 그래서 대학원 진학을 고민하는 후배들이 내게 조언을 구한다면, 본인이 흥미가 있다면 적극 진학할 것을 추천한다. 학부시절보다는 분명 넓은 지적 호기심을 가지게 될 것이며, 해당 전공분야에서의 구루Guru들을 직간접적으로 접할 수 있는 기회가 반드시 생길 것이다. 그러한 것들은 고려한다면, 장기적인 측면에서 대학원 진학을 통해 해당 전공을 깊게 공부하는 것은 분명 그 유익이 상당한 것 같다.

　물론, 대학원 진학이라는 것이 꼭 공부를 더하고 싶다는 의욕만으로 결정될 수 있는 사항이 아니기에, 개인의 학비지원 가능여부 및 관심분야, 연구실의 명성, 지도교수의 관심 연구분야, 실질적 연구비 지원상황 등을 지원서 제출 이전에 신중하게 확인해야 할 필요가 있다. 대학원 진학은 대학 학부 진학 때보다 더 면밀하게 정보를 조사하여 고려해야 하며, 무엇보다 대학의 네임밸류도 중요하지만, 그보다 전공분야에서 명망 있는 지도 교수가 있는 연구실을 선택하는 것이 옳다. 대학원의 네임밸류와 상관없이, 어느 지도 교수가 있는 연구실을 졸업해서, 어떠한 주제로 학위논문을 썼는가가 이후의 진로 설정에서 무척 중요한 사항이 되기 때문이다. 무턱대고 S·K·Y대학이 다 좋으니까라는 식으로 대학원을 진학하거나, 선배, 동기의 권유로 동대학원을 무작정 고민 없이 진학하면 최소 2년이라는 대학원 기간 동안의 실패를 자초할 수도 있다. 대학원 진학 선정에 있어서 'NRL National Reach Lab'로 지정된 국가 공식 지정 연구실을 고려하는 것도 좋은 연구실을 선택할 수 있는 현명한 방법 중 하나이다.

　마지막으로 공부해보고 싶은 전공분야에 대해서 나름 철학을 가지고, 대학원 수학 기간 동안 많은 경험을 해보는 것이 중요하다. 그리고 경험 속의 노하우를 바탕으로 졸업논문 테마를 선정해야 한다. 대개 대학원 진학 후에, 아무도 연구방향이나 연구성과에 대해서 모니터링하는 사람이 없기에 어영부영 대학원 연구실에서 허송세월을 보내는 경우가 많다. 그러면 나중에 졸업은 다가오는데, 연구논문 테마는 없고 결국 교수와의 타협 속에서 학위논문 발표를 지연해버리거나, 타인의 논문을 베껴서 거짓 실험결과로 얼룩진 저급한 논문을 제출하고 만다. 연구에 투자한 시간이 얼마나 아깝겠는가. 나침반을 들고 항해를 시작하는 사람과 바람부는 대로 돛을 이리저리 움직이며 즉흥적으로 항해를 준비하겠다는 사람은 시작점에서의 마인드가 다르며 또한 그 종착점에서의 결과 또한 분명 다를 것이다. 남들 다 가는 대학원이라고 하지만 분명 철저한 준비가 필요하다. 물질적인 준비는 물론이고 스스로 나침반을 들고 방향키를 잡고자 하는 각오와 철학도 다지는 과정이 반드시 필요하다.

R&D 전문기업 및 연구소로 가는 길

학부 졸업 시즌에 대다수 사람들이 쉽게 선택하게 되는 '취업'으로 가는 길이다. (필자는 취업의 길을 반대하는 입장에서 논지를 이야기하는 것이 아니다. 접근 방법에 대해 새로이 언급을 하고자 한다.) 요즘 대학 졸업을 앞둔 공돌이라면 전공을 막론하고 S그룹과 L그룹을 떠올리며, 그 두 곳에 반드시 입사지원서를 넣는 게 당연한 현실이다. 실제 우리나라에서 해마다 졸업하는 공돌이들의 3분의 1 가까이를 이 두 기업에서 소화해내고 있다고 해도 과언이 아니다. 취업준비생은 우리나라에서 내로라하는 막강 전자회사에서 모두

고배를 마시면, 그 이하 모든 기업들은 모두 같다고 생각하고 취업 공고가 뜨는 대로 이력서를 일괄 배포하기 시작한다. 마치 망망대해에 낚싯밥을 모두 뿌려놓고 어디 하나만 걸려봐라는 심산으로 취업의 기회를 잡기 위해, 무작정 채용 확정 소식을 기다리는 것이다. 여기서부터 무한 경쟁이 발생하기 시작하고 끊임없이 도태된 공돌이는 자신이 이 세상에서 가장 비참한 공돌이라고 여기며 걸어온 길을 스스로 비난하기도 한다. (대개의 공대생들이 스스로 걸어온 길을 타인에게 추천하지 않는다.)

졸업 후 취업을 하는 데 있어서 가장 필요한 자세는 가장 먼저 남들의 시선과 평가에서 자유로워지는 것이다. 그리고 사고방식을 조금만 유연하게 가진다면, 자신의 전공 안에서 졸업 후에 취업을 선택할 수 있는 길이 다양하게 열린다. 꼭 대기업만이 전부가 아니라는 것이다. 개인의 전공과 장점을 돋보이게 잘 살릴 수 있는 곳은 오히려 경쟁력 있는 중소기업이라고 할 수 있다.

누구나 이름을 들으면 알 것 같은 대기업에서는 성과가 두드러지게 좋거나 특이한 경력사항을 보유하지 않는 이상은 두각을 드러내기가 쉽지 않다. 한 번에 채용된 수천 명의 동기 신입사원들은 이미 현장에서 일하고 있는 수천 명의 선배사원들과 함께 버무려져서 회사에서 바라는 사원으로 결국 훈육되기 일쑤다. 신입사원 때의 뜨거운 열정은 1, 3, 5년 주기로 점점 감퇴하여, 평균적으로 신입사원 때 가장 뜨거웠던 애사심과 열정을 가졌던 이들이 대개 5년 후에는 다른 곳으로 이직을 하고 만다. 사람들은 회사의 가이드라인만 잘 따라가면 무사하고 크게 눈에 띄지 않으면서 가늘고 오래갈 것이라고 생각하지만, 그것은 착각일 수 있다. 무한 경쟁시대에 대한민국에 더 이상 가늘고 오래갈 수 있는 대기업 직장이란 없다. 끊임없이 자기 변화가 필요하며, 상부의 인정을 받기 위해서 치열한 경쟁을 매일같이 뚫어야 한다.

필자는 대기업으로 무작정 돌진하는 판단은 그리 현명하지 않다고 충고해주고 싶다. 물론 타인과 부모님의 눈에는 그럴듯하고 자랑스러운 아들, 딸이 되었기에 당장은 세상 부러운 게 없을 수도 있다. 하지만 머지않아 평균적으로 입사 후 3년 정도가 지나면 자신이 정말 원하는 길이 무엇인지를 고민하는 벽에 여지없이 부딪히고 만다. 애초부터 옳다고 자신만만하게 여겨졌던 시작의 첫 단추가, 이후에는 치명적 실수가 있었음을 깨달을 수도 있는 것이다. 요약컨대, 필자는 용의 꼬리가 되기보다 뱀의 머리가 되라고 말하고 싶다. 본인이 공돌이로서 지나온 길에 진정으로 자부심을 가지고, 긍지를 가지고 있다면 핵심역량을 보유하고 있는 R&D 기업들이 참 많다. 그 안에서, 본인의 역량으로 회사의 발전을 소수의 몇몇이 일구어내어 멋진 감격을 누리는 선후배들을 필자는 너무나 많이 보아왔다. 오히려, 처음에 보란듯이 대기업에 들어갔던 의기양양한 공돌이들은 수년 후 거대한 로봇의 부품처럼 여겨져, 대체 부품이 다가올까 두려워 서둘러 제2의 인생을 준비하고 있었다. 그들은 자신이 잘하는 일과 좋아하는 일에 대한 고민을 다시 하고 있었다. 대학 졸업 전에 취업을 고려하고 있다면 스펙을 따지기보다 먼저 해야 할 고민이 바로 이것이다. 그리고 나서, 채용시장에서 자신만의 확고한 계획을 가지고 자신의 꿈과 다른 일들은 과감히 걸러내어, 자신의 꿈을 이룰 수 있는 토양을 제공하는 회사에 원서를 내라. 명심해야 할 사항은 대기업, 중소기업을 막론하고 어느 기업의 CEO도 대충 자신의 회사에서 하기 싫은 일을 억지로 하며 시간을 보내려는 인재를 뽑으려 하지 않는다. 지속성 없는 인재라는 것을 알기 때문이다.

자신이 하고 싶은 일과 그에 대한 비전, 열린 시야를 바탕으로 그러한 곳을 발견했다면 과감히 도전하는 일만이 남았다. 세 가지 조건, ①하고 싶은 일 ②비전 ③열린 시야가 확보되었다면 당신을 위한 직장은 대기업 R&D 전문회사의 연구소일 수도, 중소기업 벤처회사일 수도 있다. R&D 기업이라는 테두리 안에서만 본다면 대기업 R&D 연구소와 경쟁력 있는 중소규모 R&D 업체 간에는 각각의 장단점이 있다.

대기업 연구소는 R&D를 진정으로 원하는 인재들을 위해 넘치는 지원을 해준다. 그리고 R&D에만 몰입할 수 있는 분위기를 만들어준다는 장점이 있다. 하지만 단점은 R&D가 적성에 맞지 않는 활동적인 공돌이는 지나치게 지루하고 단조로운 시간을 보낼 수 있다는 것이다. 대기업 연구소에는 선행기술 개발이라는 목적으로 연구원들에게 끊임없이 상상력을 동원해서 무언가 새로운 아이디어를 내기를 원한다. 하지만, 솔직히 말해서 국내 대기업에서의 연구개발은 실제적으로 제품을 단시간에 시장에 출시해야 하는 사업본부의 눈치를 보기 마련이므로 천하태평으로 신기술 개발거리를 찾을 수는 없는 상황이 많다.

R&D 인력의 대다수는 생산라인이 있는 사업본부를 지원해야 하며, 그러면서 동시에 회사의 미래를 먹여살릴 신기술 창출이라는 업무 부담을 동시적으로 수행해야 한다. 우리가 흔히 꿈꾸는 미국의 '애플'이나 '구글'처럼 창의적인 아이디어를 창출할 수 있는 분위기를 만들어주기는 쉽지 않은 게 현실이다. 워낙 기업 간의 경쟁이 치열하고, 자원이 부족한 상황에서 세계 일류 기업과 실시간으로 경쟁하다보니, 업무량도 개인의 역량을 넘어설 정도로 많다. 회사의 미래를 책임질 아이디어를 개발해보자는 목적으로 워크샵도 하고, 브레인 스토밍도 하지만 그야말로 아이디어 미팅 장표를 작성하기 위한 미팅, 또는 상부 보고용 미팅으로 마무리되는 경우가 다반사이다. 우리가 곁에서 보면 으리으리하게 좋아 보이는 대기업 연구소라도 분명 현실과 상상 사이에 차이가 있는 것이다. 다시 한 번 강조하건데, 분명히 자신이 좋아하는 일을 하는 것이 아니고, 자신이 걷는 길에 대한 확신이 없다면 아무리 좋은 토양 위에 올라섰다 할지라도, 뿌리를 깊게 내리기는 힘들다.

반대로 중소규모 R&D 회사에서는 거대한 자본의 투자가 쉽게 이루어지지 못하기 때문에 R&D를 위한 투자가 그렇게 넉넉하지 않은 것은 사실이다. 가만히 책상에서 논문과 저널을 보면 신기술을 떠올리기 이전에, 바로 현장에서 실무적인 경험을 해야 하는 일들이 먼저 발생한다. 이곳에서는 고리타분하게 현실감 떨어지는 기업연구소의 달나라 아이디어보다는 비용 혁신, 사용자 인터페이스 혁신 등 직접적으로 가치를 창출하는 아이디어를 원한다. 따라서, 긍정적인 측면에서는 공돌이로서 현장감을 충분히 갖출 수 있고 이것을 바탕으로 회사 안에서 자신의 업무 역량을 인정받으면 주목을 받을 수 있는 가능성이 높아진다. 작은 규모, 복잡하지 않은 업무 프로세스, 효율화된 자본 투자 등을 갖춘 조직이라면 그 안에서 빠르게 성장할 수 있는 가능성이 있다. 대기업보다는 선호도가 떨어지기에 물론 인력난이라는 고질적인 문제가 여전히 있다. 하지만, 젊은 시절에 벤처 마인드로 혹시 당신이 무장되어 있고, 참신한 아이디어로 멋진 팀원들과 젊음을 투자해 노력과 고생의 열매를 빨리 확인해보는 성공 체험을 하고 싶다면 중소 규모의 회사조직이 좋은 선택이 될 수 있다. (물론, 경쟁력 있고 차별화된 중소기업이라는 전제하에.)

각기 장단점이 분명 있기 때문에, 선택은 철저히 개인의 적성과 비전에 의존한다. 그래서 대기업에 있던 인력이 중소기업으로 향해서 실감나는 꿈을 이루어보고자 이직하기도 하고, 중소기업에 있던 인력이 자신의 현장감 있는 노하우를 가지고, 큰 기업에 뛰어들어보고자 대기업으로 향하기도 한다. 취업을 준비하고 있다면 진지하게 자신과의 대화를 선행해볼 일이다. 진지하게 스스로에게 물어보라. 자신이 진정으로 하고 싶은 일, 그리고 잘하는 일은 무엇인지. 그리고 거기에 당신의 비전을 버무려 도전하라!

국책연구소로 가는 길

석사학위 또는 박사학위 전공자라면 반드시 한 번쯤은 고려해보는 길이 바로 이 길이다. 국책연구소, 즉 항공우주연구원, 한국전자통신연구원, 한국기계연구원, 국방과학연구소 등의 국가연구소로의 취업은 아무래도 석박사급의 고학력 공돌이에게는 익숙하나, 학부 출신으로 쉽게 떠올리지 못하고, 도전하기가 꺼려지는 곳이다. 아무래도 석박사급의 고학력 채용대상자가 주를 이룰 것이라고 여기므로, 학부 졸업생들은 감히 엄두가 잘 나지 않는 쪽으로 생각한다. 이에 반해 대학원생들은 연구실에서 수학기간 동안에 한두 번쯤은 관련 전공분야와 연결된 국가연구소와 국책과제를 수행해보기 때문에 친숙하게 국가 연구소에 대한 정보를 접한다. 따라서, 졸업 후의 진로에 대한 고민에서 하나의 대안으로 이 길을 고려해볼 수 있다.

안정적인 자본과 정책으로 장기 프로젝트를 주로 수행하는 국가연구소는 일단 직업 안정성Job Security 측면에서는 매우 안정적이라고 볼 수 있다. 그리고 기업과 달리 연구업무를 수행하는 프로젝트들의 기본적인 수행기간이 연간 단위로 매우 길므로 업무에 대한 강도나 스트레스도 그렇게 일반 민간기업처럼 심한 편이 아니다. 직접적인 예로, 휴대전화의 경우 기본적으로 민간기업에서는 사내 TFT Task Force Team 팀을 바탕으로 신규 프로젝트를 통해서 신제품 하나를 세상에 선보이는데, 보통 제품구상부터 양산까지의 기간을 3개월 미만으로 잡는다. 아무래도 다른 경쟁사보다 개발 기간을 단축하고, 하루라도 먼저 새로운 모델을 시장에 진입을 하고자 일정에 대한 압박이 클 수밖에 없다. R&D 연구원들이 그러한 부담을 고스란히 안아야함은 분명하다.

그러나 이에 비해, 경쟁 업체가 뚜렷하게 보이지 않는 '갑' 중의 '갑' 인 국가연구기관은 프로젝트를 3개월 단위 등으로 그렇게 쫓기면서 진행하는 일은 거의 없다. 경쟁 속에 있는 민간기업과 달리 프로젝트 리스크를 심하게 끌어안으면서까지, 무리하게 단기간에 수행하지 않는다. R&D 연구원들은 상대적으로 시간적 여유가 있으며, 업무 강도에 대한 스트레스가 그렇게 심하지 않다. 하지만 이것이 반대로 단점이 될 수도 있다. 하나의 프로젝트를 오래도록 수행하다보니 연구원으로 업무를 수행해가며 역시 지루함과 매너리즘이라는 나태함에 빠지기 쉽다. 삶을 '안전제일' 이라는 모토로 살아가고 있다면, 크게 관심을 가질 수 있겠으나, 젊음을 밑천으로 무언가를 생산적으로 해보고자 하는 성격의 공돌이에게는 젊은 날 독이 될 수도 있는 길이다. 또한 민간기업에서는 대개 어떤 형태로든,

영업이익을 직원들과 나누는 식의 성과급이 성과에 따라 부여되지만, 국가기관에서는 실제적으로 거대한 성과급이나 보너스 제도를 기대하기 어려울 수도 있다. 언론과 시대의 주목을 받는 거대 국책 프로젝트라면 혹시 모르겠지만 말이다. 대부분의 국가연구소 연구원들은 자부심과 긍지로 일을 한다. 즉, 자신이 좋아해서 시작한 일이 국가기술 발전차원에서 공헌을 할 수 있다는 그런 자부심으로 일을 하는 것이다. 민간 대기업처럼 본인이 창출한 성과를 바탕으로 해마다 연말에 직원들을 대상으로 보너스를 나누어주는 등의 제도와는 아무래도 업무 마인드에서부터 기본적으로 차이가 있을 수밖에 없다.

이쪽 분야로 취업을 하기 위해서는, 준비할 때부터 희망 연구기관의 채용 공고를 찾아두는 것은 기본이며 무엇보다 채용 가능성을 높이기 위해서는, 취업 희망 연구기관의 과제를 수행해본 경험이 거의 절대적이다. 또한, 과제를 수행하면서 질 좋은 성과물과 최선을 다하는 노력으로 해당 연구기관의 실무 책임자들에게 좋은 인상을 주었다면 취업 가능성은 더욱 높아진다. 어쩌면 개개인이 가지고 있는 소위 스펙보다는 대학원을 다니는 동안 해당 연구기관과 얼마나 밀접하게 일을 해왔고, 또 좋은 인상을 심어주었느냐, 어떤 인맥을 구축했느냐가 무시 못 할 취업 성공요인으로 작용할 것이다. 개인의 실력과 연구 업적이면 충분하지 않느냐고 반문할 수도 있으나, 현실적으로 국가연구소로 취업하는 과정에서도, 개인의 능력과 경력들을 인터뷰 심사 등을 통해서 효과적으로 어필하는 게 매우 중요하다.

마케팅 · 금융권 · 산업디자인 등 전혀 새로운 분야

이 길은 학위를 더 많이 받은 자들보다는 학부 출신에 진취적이고 도전심이 강한 인재들이 한 번쯤 멋지게 베팅을 해볼 수 있는 길이기도 하다. 당신이 우리나라에서 공돌이로서 잘 훈육되어왔고, 전공 공부를 열심히 했다면 웬만해서는 이 길을 쉽사리 선택하지 못할 것이다. 대다수의 안락한 길을 꿈꾸는 주류 공돌이에게는 이해가 잘 안 되는 길이다. 혹자는 이 진로가 지금껏 쌓아왔던 경험을 모두 무시하고, 무너뜨리는 결과라고 얘기할 수도 있겠다. 하지만, 서론부터 필자가 근간으로 깔고 오면서 계속해서 언급했던 변화로의 길을 적극적으로 고려해보는 공돌이라면 이 길이 리스크는 있어 보여도, 자신의 재능과 적성에 맞을 경우 새로운 감흥을 줄 수 있는 진로가 될 수 있다. 필자는 앞에서 끊임없이 본인이 가고자 하는 길이, 단순히 남들이 걸어온 길에 의해서 정의되지 않도록, 스스로가 변화를 충분히 꾀하도록 각성하고, 공돌이 개개인의 '생각의 변환'을 촉구했다. 당신이 조금은 새로운 길에 도전하고 싶고, 멋지게 공돌이의 편견을 깨고 싶은 인재라고 생각하는가? 그렇다면, 지금부터 말하는 길이 매우 매력적으로 들릴 수 있다.

단독진입적으로 말하면, 공돌이가 자신의 꿈을 펼쳐서 갈 수 있는 길은 비단 연구소와 몇 개의 기업에 한정되어 있는 것이 아니다. 그대의 선배들이 정의한 그 길에 그대의 꿈도 똑같이 일치시켜야한다고 생각하지 말라. 공대생이 가장 먼저 버려할 아주 오래된 습관 중에 하나는 선배들이 물려준 '솔루션(해답지)'으로 전공을 공부하고, 시험을 봐온 그 좋지 않은 유산을 답습하지 않는 것이다. 선배들이 당신의 창조적 생각의 틀마저 바꾸는 것을 용납하지 말라. 심지어 교수님도 말이다.

공돌이의 장점들을 가지고, 꿈을 펼칠 수 있는 기회는 세상에 얼마든지 많다. 테크니컬한(기술적) 전공 지식과 비즈니스/Sales 마인드를 가지고 실제 비즈니스를 일으키는 기술영업 분야들이 그 대표적인 예이다. 보험 설계사나 신문 판매원처럼 단순히 상품에 대한 소개를 바탕으로 자사의 서비스나 제품을 판매하는 것이 아니라, 기본적으로 엔지니어 고객들과 소통할 수 있는 기본적인 테크니컬 지식이 필요하기 때문에 더욱 그렇다. 공돌이 경력을 가지고 엔지니어 신분이나, 사람들과 소통하고 비즈니스 세일즈 마인드로 적극적인 성과를 창출해내고 싶다면 이 길이 괜찮을 수 있다.

오로지 인문대 출신들의 진로로만 여겨졌던 기업의 마케팅 분야도 마찬가지이다. 더 이상, 마케팅은 뛰어난 인문대생들의 감각적인 아이디어로만 승부되는 그런 업무가 아니게 되었다. 공과대 출신도 이 분야에서는 그들의 장점을 가지고 뛰어든다면 물론 처음에는 몇 번의 시행착오를 겪겠지만 아주 뛰어난 마케터로 거듭날 수도 있다.

국내 가전제품 브랜드인 L모 전자에는 LSRLife Style Research(생활 스타일 연구) 연구소라는 조직이 있었다. 공과대 출신들이 전체 직원의 70퍼센트를 상회하는 이 회사에서는 공돌이가 마케팅을 하는 경우도 다반사였는데, LSR에서 일하는 공돌이는 마케팅과 관련한 아주 재미있는 일들을 수행했다. 그것은 어떤 임의의 분류집단 안에 포함되는 고객 한 명을 선정하여, 하루 종일 공돌이 마케터들이 그 고객을 따라다니며 몰래 생활소비 패턴, 생활 스타일, 가전기기 사용행태 등을 면밀히 관찰하는 업무를 수행한다. 물론 고객의 동의를 받은 가운데 관찰 및 조사를 실시한다. 그것은 곧 고객의 생활을 가장 가까이에서 관찰하면서 고객에게 숨겨진 어떤 '코드'를 발견하겠다는 것이었다. 이러한 업무에는 고객도 인지하고 있지 못한 그 코드를 미묘하게 건드리는 신기술 또는 신제품을 시장에 출시하여 자연스럽게 대히트 상품으로 만들겠다는 전략이 숨어 있다.

공돌이들은 마케터로서 너무나 훌륭하게 업무를 기대 이상으로 해내었는데, 쉽게 말하자면 그들은 일반 마케터들이 쉽게 놓치는 부분을 잘 알아챌 수 있었다. 그들은 사용자들이 주거공간에서 제품을 사용하는 모습을 관찰하면서 자사 제품의 문제점, 그리고 수정 보완점을 발견해냈다. 그리고 그것들을 담당 기술 엔지니어 그룹에게 전달해주었다. 엔지니어 그룹에게 새로운 요구사항을 전달함에 있어서도 이들 공돌이 마케터들은 기본적으로 테크니컬한 공돌이 언어로도 전혀 문제없이 엔지니어들과 소통하며 명확하게 요건을 전달할 수 있었다. 그것은 공돌이가 마케터로 변신했었기에 비로소 가능한 일이었다. 이처럼, 공과대 출신으로 감히 넘어 볼 수 없는 금단영역에서 변화를 거듭한 공돌이들이 엄청난 시너지를 발휘하는 경우는 얼마든지 있다.

경제학과나 경영과를 나와야 갈 수 있을 것만 같은 금융권에도 서서히 공과대 출신 인재에 대한 선호도가 높아지고 있다. 숫자를 면밀하게 다루어야 하는 금융권에서도, 숫자와 현상, 논리 분석에 강한 공과대 출신들의 장점을 새로이 그들의 업무영역에 적용하기 시작한 것이다. 눈앞에 드러난 현상을 가지고 숫자와 공식으로 모델링을 할 수 있는 능력이 있고, 반대로 숫자와 공식으로 현상의 법칙을 이끌어내는 재주가 있는 공돌이에게는 이제 점차 진로의 벽이 사라지고 있다.

경영학의 아버지 피터 드러커는 조직 경영의 제1원칙으로 "직원들의 장점을 발견하라"고 언급했다. 하물며 자아경영에도 그 부족함이 있겠는가. 타인의 직업에서 그럴듯하게 좋아 보이는 현상의 유혹을 모두 잘라내고, 자신의 장점과 자신이 좋아하는 것에 귀를 기울이기 시작하면 비로소 변화를 이끌어낼 준비가 된다. 세상은 정말이지 하고 싶은 일과 해야 할 일들이 너무나 많고 이것들은 꿈을 가진 이들의 몫이다.

최근에는 또한 공돌이가 자신의 전공에서 얻은 경험을 바탕으

예술적 디자인을 접목시켜
소비자들에게 좋은 반응을 얻은 냉장고.

감각적 디자인이 돋보이는
외장형 메모리.

로, 제2의 진로로서 실용 산업디자인으로 진출하는 모습들도 두드러져 보인다. 본인이 미적 감각이 있고 또한 아이디어의 발견 및 프로토타이핑에 재능이 있다면 산업디자인 분야도 매우 매력적이다. 산업디자인은 감상용으로 보기 좋은 그림을 그리는 수준이 아닌, 현실에서 실제적으로 사물 등의 모습을 인간에게 유익을 주는 모습으로 바꾸어 그 혜택을 주는 디자인이라 할 수 있다.

최근의 추세는 엔지니어링과 디자인이라는 두 개의 가치를 두고서볼 때, 디자인의 가치에 더욱 무게감이 더해지고 있다. 감성을 자극하면서도, 또한 매우 실용적이고 편리한 제품이 대중의 주목을 받는다. 요즘처럼 고도화된 정보 기술 산업 사회에서는 소비자들은 기술 중심적 상품보다, 거부할 수 없을 정도의 매력이 있는 감성적 디자인을 가진 제품들을 선호한다.

애플의 CEO 스티브 잡스는 그러한 대중의 코드를 미리 읽어내는 데 성공했고, 자신의 디자인 경영 철학을 너무나 잘 이해해주는 애플 디자인 부사장 조나단 아이브와 함께 애플의 혼이 담긴 디자인 중심 제품을 라인업해 왔다. 애플의 신제품 앞에 붙는 'i'는 애플을 광고하는 신조어 키워드가 아니라, 하나의 철학이자 생각이 되었다. 'i'(나=사용자=소비자)가 중심이 된다는 애플의 핵심 철학인 된 것이다. 소비자들이 아이폰5 또는 아이패드미니, 레티나 맥북 에어 등을 들고 한없이 경탄해마지 않는 눈으로 제품에서 쉽사리 시선을 떼지 못하는 것은 그런 이유가 있기 때문인 것이다.

국내 산업디자인계에서는 세계적인 명성을 가지고 있는 인물로 '김영세'라는 'INNO디자인' 대표가 있다. 그의 디자인 사업체 'INNO디자인'은 세계 10대 디자인 회사 중 하나이며, 김영세 디자이너가 디자인한 제품들은 현재 세계 디자인상을 휩쓸고 있다. 그의 대표 디자인 작품으로 세상에 첫선을 보였던 MP3 '아이리버 H10'은 마이크로소프트 명예회장 빌 게이츠가 '디지털라이프 시대의 선두적 제품'이라고 칭송할 정도로 그 디자인 완성도가 훌륭했다. 그의 저서 『이노베이터Innovator』를 보면 그가 사람을 위한 제품에 초점을 맞추어 어떻게 제품을 구상하고, 변형하고 재창출해왔는지에 대한 고민이 담겨 있다. 놀랍게도 그가 지적하는 디자이너 지망생이 갖추어야 할 세 가지 덕목은, 차세대 공돌이가 자신의 연구개발 노력과정에서 갖추어야 할 덕목들과 정확히 일치한다.

- 사람들을 좋아하는 '따뜻한 마음' : 공돌이는 언제나 사람을 위한 기술을 늘 염두에 두어야 한다.
- 항상 무언가를 재창조해서 남들의 박수를 받고 싶어하는 '목마름' : 'Stay hungry, Stay foolish' 공돌이는 새로운 창조를 위한 아이디어에 목이 말라야 한다.
- 새로움을 찾기 위한 정답 없는 무한도전의 '용기' : 세계 최초, 국내 최초로 향하는 기술개발의 길은 외롭고 두렵지만 그것을 극복해내는 과정을 반드시 거쳐야한다.

공돌이는 부지불식간에 언제나 '디자인'을 하고 있음을 알아야 한다. 필자의 모교 공대 교수님은 어느 전자공학 개론 강의 시간에 우리들 자신이 세상을 위한 '디자이너' 임을 잊지 말라고 당부하셨다. 사람에게 유익을 주는 제품을 디자인하는 산업 디자인의 핵심과, 사람을 위한 기술을 개발하는 공돌이의 엔지니어링 가치의 핵심은 묘하게 접점을 이루고 있다. 실질적으로 사람들이 쉽게 즐길 수 있고 행복한 사용 만족도를 주고 싶은 일을 해보고 싶다면 산업 디자이너로의 변신도 얼마든지 매력적일 수 있다.

연세가 이제 예순이 다 되신 김영세 대표는 아직도 꿈을 잃지않고, 활발한 디자인 창작활동과 지치지 않는 디자인 컨설팅을 해내고 있다. 젊은이들을 향해 그는 "하고 싶은 일, 꿈꾸는 일을 하라"라고 직업에 대한 열린 조언을 한다. 어느 인터뷰에서 그는, 앞에 놓인 길을 반듯하게 걷는 사람과 갈지之자로 걸어가는 사람, 둘 중에서 후자의 길을 과감히 선택하라고 말한다. 남들이 못 보는 것을 갈지

> 땀 흘려 일하는 것과 미친 것처럼 일하는 것. 둘은 어떤 차이가 있을까요? 이미 세상 곳곳에서 답이 쏟아지고 있잖아요? 스티브 잡스, 제임스 카메론, 김영세가 답이죠. -김영세

자로 걸어가면 보인다는 의미이다. 갈지자로 걸으면서 진짜 하고 싶은 일, 꿈꾸는 일을 하는 사람이 정말 멋있는 사람이라는 것이다.

남들이 튀지 말라, 그냥 안전하게 가라고 할 때가 어쩌면 가장 주의를 기울일 때이며 본인이 자신만의 새로운 길을 찾아 모험을 나서야할 때인지도 모른다. '도전'이라는 말을 혹시 두려워하는가? 도전은 곧 리스크 감수Risk Taking라고 생각하는 것은 아주 오래된 사고방식이다. 도전은 세상에서 가장 창의적인 일이며, 성공하는 사람 1퍼센트와 나머지 99퍼센트를 가르는 결정적 기준이다. 어느 길이든 우리네 공돌이를 위한 가능성은 언제나 열려 있음을 잊지 말자.

취업 후에도 멈추지 않는 자기계발을 위하여

혹시 '샐러던트'라는 단어를 들어본 적이 있는가? 요즘같이 점차 생존경쟁이 치열해지고 있는 시대에, 바로 '공부하는 직장인

Salary man+Student'을 가리키는 신조어이다. 공돌이도 취업 후에 자기계발을 위한 자가 발전은 계속되어야함은 불가피한 일이 되었다. 직장에서의 자기계발 전략에 있어서 방향감이 필요하다면, 역시나 필자가 본론에서 제시한 7대 변화 전략을 따라서 적용점을 찾는 것도 좋은 대안이 될 수 있다.

실제적으로 직장인을 대상으로 설문조사를 하면 자기계발에 대한 필요성은 모두가 공감하고 동의한다. 그러나 현실적으로 실행에 옮기기 어려운 이유는, 대략 다음과 같다.

- 지나친 야근으로 인한 시간 부족
- 직장 상사의 눈치
- 업무가 너무 많아서 퇴근 후 다른 일을 하기에는 피곤해서
- 무엇을 어떻게 해야 할지 몰라서
- 퇴근 후에 다른 약속들이 너무 많아서

위의 사항들은 직장인들이 한결같이 집어내는 대표적인 자기계발 회피 핑계이다. 하루에 1시간이라도 짬을 내어 조금이라도 자기 자신을 위한 투자를 시작해보라. 처음에는 그 시작이 미약하게 보일지 몰라도, 약 1년 후에는 매일 1시간 투자를 한 사람과 투자하지 않은 사람 간의 차이는 어마어마하다. 1시간 투자를 시작한 사람은 머지않아 결국 2시간 투자의 여력도 만들어내며, 개인의

시간 관리 기술을 향상시키는 비법도 찾게 된다. 자기계발을 위한 첫걸음을 위해서 고민을 하고 있다면, 타인들이 이것저것 잡다한 자기계발 코스 과정을 들이대면서 추천하는 것에 일단 귀를 닫아 보자.

가장 먼저 할 일은 해야 할 일을 떠올리는 것이 아니라 지금 현재 자신이 하지 않아도 될 일을 발라내는 일이다. 대부분의 사람들이 엉뚱하게 시간을 소비하며 산다. 시간을 100퍼센트 효율적으로 사용하며 살아가는 사람은 존재하지 않는다.

'Stop Doing List'(하지 말아야 할 목록)를 만들어보자. 그리고 그것들을 추려내면 분명 쪼가리 시간들이 모여서 1시간 정도를 확보해낼 수 있는 여지가 생길 것이다. 이 과정을 통해 자투리 시간을 확보하는 것에 성공했다면 이제 필자가 소개했던 변화 전략에 해당하는 자신만의 계획을 곰곰이 따져서 수행하는 것이 효과적이다. 그 시간은 점심시간이 될 수도 있고, 출퇴근 전철 및 버스 안 시간이 될 수도 있으며, 또는 직원들과 담배 또는 커피 한잔으로 노닥거리는 휴식시간일 수도 있다. 자기계발을 위한 자료를 제공해주는 방법은 얼마든지 눈과 마음을 열면 찾을 수 있다. (실제 마음이 먼저 열려야 육신의 눈을 통해 숨겨진 보물들이 보이는 법이다.) 관심조차 두지 않았던 사내 온·오프라인 정기 강좌가 될 수도 있으며, 퇴근 후 어학 강좌가 될 수도 있다. 또는 '세컨드 라이프'라는 최근 추세에 맞게 새로운 자신만의 특기를 개발하기 위한 문화·

예능·취미·전문기술 모임에 참석하여 새로운 삶의 보람을 찾을 수도 있다. 각종 모바일 툴, 인터넷 등에서 검색어로 쉽게 찾아볼 수 있는 유명 강연자들의 인생경영 강좌, 재테크 강좌, 경제분석 강좌 등 사외에 무료로 또는 몇 만 원의 저렴한 참석비로 제공하는 세미나에 억지로라도 시간을 내어 참석하라.

필자는 개인적으로, 자기계발에 무척이나 관심이 많았기에 퇴근 후에 우연히 참석한 '피터 드러커의 인생경영' 강좌에서 우리나라 최고의 피터 드러커 연구자이자 피터 드러커 저서 번역자이신 이재규 교수님을 만나고 충격적인 경험을 했다. 그날 밤, 한두 시간 남짓한 시간의 소규모 세미나에서 얻었던 감동은 이후의 나의 커리어와 삶의 자세에 많은 영향을 미치기 시작했다. 삶 속에서의 감동과 변화의 시작점은 정말 예측하지 못한 순간에 온다. 다만 기회가 올 수 있도록 문을 열고 준비하고 있는 자들에게만 값으로 감히 매길 수 없는 기회가 반드시 온다. 단돈 2만 원을 내고 참석한 세미나였지만 그로 인해 필자가 영향받고, 창출해내기 시작했던 그 이후의 지적 가치는 2만 원의 수백 퍼센트 이상이 되리라. 연구실 또는 실험실 밖을 벗어나 다른 문화의 범주와 조우하는 경험은 이처럼 반드시 필요하다. 자신도 모르는 사이에 충격적인 감동들이 찾아올 수 있다. 자신이 업그레이드될 수 있는 결정적인 기회를 맞이할 수도 있다. 조금은 폐쇄적일 수밖에 없는 공돌이의 삶의 공간은, 억지로라도 한 번쯤은 바깥세상을 첨벙거리며 맛보아야 할 필요성이 다른 이들에 비해 더욱 절실한 것 같다.

　더불어, 자기계발을 하는 과정에서 매일 습득하는 유무형의 지적 자산은 반드시 지금 현재 우리가 우선으로 하고 있는 업무에 연결이 되기 마련이다. 그리고 시너지가 창출되기 마련이다. 자기계발을 통해서 우리네 공돌이는 남들이 마련해준 길 속에서, 잊고 있던 자신만의 비전과 꿈을 다시 한 번 찾고 제2의 인생 변곡점을 마련할 수 있다.

　실제 자기계발의 최대 이점은, 눈으로 보이는 자격증과 수치로 나타나는 어학 점수 등이 아니라 자신의 인생에 있어 제2의 전기를 맞이했다고 할 수 있을 정도의 새로운 인생 커브를 발견한다는 것에 있다. 어느 누구도 인생의 영원한 탄탄대로를 자신할 수 없고 유지할 수 없다. 좋은 기업을 넘어 위대한 기업도 생겨나지만, 위대한 기업의 그다음 고민은 위기를 넘어 지속가능한 기업을 세우는 것이다. 그것은 끊임없는 자신을 향한 되물음이 필요하고, 그 답변으로서 지속적인 실천이 필요하다.

　『좋은 기업을 넘어 위대한 기업으로』의 저자 짐 콜린스 교수는 최근의 저서 『위대한 기업은 다 어디로 갔을까How the mighty fall』에서 몰락의 제1단계는 바로 '성공으로부터 자만심이 생기는 단계'라고 정의했다. 2000년대에 들어와 모토로라가 몰락하기 시작했으며, 2000년 중반에는 가전제품 판매업체인 '서킷시티'가 파산했다. 이들 기업들은 그들이 이뤄낸 성공에 대한 찬사와 칭찬

속에서 자만심이 슬그머니 자라났고, 그것은 현실에서 드러나는 사실적 정보를 간과하게 했으며, 그로 인해 아무도 모르게 점차 몰락의 수렁으로 빠져들었다. 다음 단계로 한발 더 진보하지 못하고 현실에 안주하다가, 위험성을 깨닫고 뒤늦게 변화를 촉구해보지만 그 역시 원칙 없는(또는 남들을 무조건 따라하는) 변화에 불과할 뿐이었다. 이것은 이 시대를 살아가는 개인, 우리네 공돌이에게도 시사하는 바가 크다.

  좋은 직장과 좋은 포지션을 현재 이루고 있는가? 과거의 고생을 뚫고 어렵게 이 자리까지 왔기에 잠시 숨을 돌리고 안주하고 싶은가? 개인 또는 기업의 몰락은 자신도 모르는 사이에 언젠가 내 옆에 와 있게 되는 법이다. 자기계발을 위한 시간을 먼저 확보해 여지를 만든 다음, 다양한 방법을 통해 지적 자산들을 모아보자. 그리고 자신을 실험실 바깥에 계속 노출시키며 변화의 기회를 잡아보자. 마음의 문을 열고 바깥을 보면 정말 무한한 정보와 자원들이 많다는 것을 알게 될 것이다. 자기계발 과정을 통해 당신은 신기하게도 본연의 직무를 수행하는 시간에 자신도 모르게 '당당해진' 모습을 발견하게 될 것이다. 바로, 변화가 시작되는 순간이다. 긴 하루지만, 그래도 제2라운드와 같은 퇴근 시간이 기다려지는 그런 날들, 모처럼 오랜만에 설렘이 가득한 귀한 나날들이 각박한 세상을 살아가는 공돌이들에게 주어지기를 간절히 소망한다.

브라보 공돌이 라이프!
미래는 공돌이가 주목받는 시대

우리네 공돌이라는 존재가 특별한 유전자를 가진 존재임은 분명하다. 그들은 놀라울 정도로 순박하고, 순수하며, 또 그만큼 열정이 넘친다. 하나의 목표에 꽂히면 쉬이 그 손을 놓지 못하고 밤을 샌다. 목표와 사명에 대한 집념으로 승부하고, 밤낮을 가리지 않고 맹렬히 정진하는 마인드가 있다. 한국전쟁 이후, 우리나라 경제가 눈부시게 발전하고, 원조를 해오던 국가에서 원조를 주는 국가로 바뀌게 된 전세계 유일의 경제 선진국으로 탈바꿈하게 된 것도 이 시대 공돌이 선배들의 공이라 해도 과언이 아니다.

20세기까지만 해도 공돌이는 흰색 가운을 입고, 안정적인 연구소 안에서 주어진 연구주제만 파고들어도 무난히 책임 연구원 직위를 딸 수 있었고 성공할 수 있었다. 하지만 이제는 아니다. 시대가 바뀌었다. 바뀌어도 너무나도 급속도로 바뀌어서 개인에게 무한한 변신과 끝없는 성장을 요구한다. 분석적이면서도, 동시에 창의적인 인재가 되기를 강요한다. 기업들은 점차 R&D 투자비용을 증가시키며 신제품, 신기술 개발에 박차를 가한다. 연구원이 개발한 특허 하나에 이제는 회사의 사활을 걸고 무한경쟁, 투쟁하는 시대인 것이다. 가만히 수동적인 R&D 연구원, 공돌이는 도태될 수밖에 없는 시대가 되었다.

 21세기에 접어든 지 벌써 12년이 지났고, 15년 전 아령만 한 검정색 모토로라 휴대전화는 이제 손가락 터치 방식의 PC로 결합된 스마트폰으로 거듭났다. 기능만 좋으면 매출이 오르고, 제품의 대박이 날 줄 알았는데, 시장은 점점 오리무중으로 되어서 기능, 디자인, 소비자 욕구, 편의성, 가격 등 엄청난 경쟁요소를 기업들에게 요구한다. 무한경쟁 시대에서 공과대 출신은 분명히 기업마다 고급 인력으로 추앙받고 있으며, 변화를 요구받고 있는 것이 분명하다. 이제는 전공서적만 들입다 파고 세상에 나오면 그는 살아남기가 어렵다. 아이디어 없이 남이 준 도면 하나로 겨우 조립하는 테크니션Technician에 불과할 뿐이다. 실제 그런 테크니션 공돌이는 용산 전자상가, 영등포 전자부품 상가에 가면 절정의 고수들이 더 많다. 정규 교육과정은 못 마쳤지만, 독학으로 실력을 쌓은 은둔 고수들이 더 많다. 필자도 예전에 본인이 가지고 있는 학위가 민망할 정도로, 그곳에서 고수 공돌이에게 무안을 당한 적이 있다. 살아 있는 경험 앞에서는 겨우 공학공식이나 읊어댈 줄 아는 내가 너무나 초라하게 느껴지곤 했었다.

공돌이가 이제 주목받는 시대다. 우매한 대중들은 공돌이의 직업을 3D로 몰아세우며, IT가 밥 먹여주냐 등의 편견을 쏟아내고 있지만 그런 잡음은 그대로 흘려보내라. 변화를 거듭하여, 점점 예상할 수 없는 모습으로 거듭날 수 있는 능력을 가진 공돌이는 반드시 그 길에서 성공할 수 있다. 여기서 내가 말하는 성공이란, 어떤 부와 명예의 획득보다는 더욱더 보람이 넘치고, 일할 맛 나는 즐거움을 느끼는 그런 만족스러운 공돌이로 거듭날 수 있다는 것이다.

학창시절 연구실, 나아가 기업 연구소 등에서 만난 공돌이들은 언제나 변화를 꿈꾸고 있었다. 웹과 IT에 친숙한 파릇파릇한 20대 공돌이 청년들은 그 숨어 있는 아이디어와 끼를 늙은 연구 부장들 사이의 정치적 권력싸움 앞에서 눈물을 삼키며 숨기곤 했다. 그들은 다른 삶을 꿈꿨다. 무언가 신선하고 다른 것에 목말라 했다. 그리고, 태평양 건너에서 들여오는 이 시대 멘토, 스티브 잡스의 연간 신모델 상품에 열광했다. 전세계 공돌이를 단숨에 사로잡은 잡스는 공돌이의 영웅이었으며, 그의 삶의 역사와 습관, 매력들이 전세계로 퍼져나갔다. 필자는 우리나라의 공돌이 중에도 세계의 시선을 뒤집을 수 있는 그런 인물이 나오기를 진심으로 기대한다.

필자 또한 그러한 기로에서 변화를 선택하였고, 그러한 역사를 만들어가고 있는 수많은 동지들 가운데 한 명이다. 나는 이 시대를 살아가는 공돌이들이 붕어빵 기계에서 착착 일사불란하게 탄생하는 똑같은 스펙의 젊은이들이 아니라, 어디로 튈지 몰라 예상하기 힘든 그런 이들이 되길 바란다. 전공분야에서 뿐만 아니라 그 어느 곳에서도 자신의 색깔을 주저 없이 나타낼 수 있는 균형잡힌 생각을 가진 인재들이 되길 바란다.

독서를 많이 하는 공돌이. 세상에서 가장 두려운 사람은 책을 읽는 사람이다. 남들이 스펙을 쌓느라 바쁠 때, 책을 읽는 이들은 가슴에 꿈과 비전의 씨앗을 내린다. 여행하는 공돌이. 그들은 여행하며 감성을 키우고, 사람들을 보면서 세상을 위한 기술, 비전을 꿈꿀 수 있다. 멘토를 찾는 공돌이. 훌륭한 선배를 따라서 훌륭한 아이디어를 검증받고, 세상을 놀라게 할 준비를 하는 이들, 그들의 지식은 대물림되고 훌륭한 인재들을 양육할 수 있다. 예술하는 공돌이. 자신이 만든 기술을 기가 막히게 예쁘게 포장하고, 사람들의 손에 감길 수 있게 만드는 공돌이. 그들은 마법사라고 할 수 있다. 그들은 디자이너이다. 언제나 변신을 꿈꾸는 공돌이. 그들은 좌절하지 않으며 지루해하지 않는다. 언제나 그 다음 단계로 올라갈 준비를 하고 성장한다. 그러므로 그들은 존재한다. 또다른 언어의 뇌를 가진 공돌이. 글로벌하게 뛸 수 있는 공돌이는 타인보다 지식의 접촉범위가 다양하고 넓어진다. 그래서 성공을 향한 기회를 더 많이 가진다. CEO 공돌이. 비즈니스 감각이 있는 공돌이는 자신들이 개발한 기술의 재무적인 가치를 알고, 그것을 세상에 어떻게 제공하고, 세일즈할 수 있는지 안다. 고요한 상아탑에서 벗어나서 비즈니스 세상에 발을 내딛는 순간, 그들은 이제 1인 CEO가 되어 스스로 의사를 결정하고 책임을 진다.

7가지 무지갯빛과 같은 다채로운 색깔을 꿈꾸는 공돌이들은 이제 충분히 인생을 튜닝할 준비가 되어 있다. 균형 잡힌 지적 능력과 매력으로 변화를 거듭할수록 자신의 가치를 직접 확인하게 될 것이며, 세상에 공헌할 수 있는 무언가를 발견할 것이다. 세상 안에서 주눅이 들어 사람들과 소통되지 않는 공돌이들이 되지 않기를 바란다. 거침없이 변화를 촉구하고, 스스로 바람을 일으키길 원한다. 세인들의 시선은 신경 쓰지 않고, 본인 스스로 멋지다고 생각하는 공돌이가 되어 세상의 편견을 뒤집을 수 있길 희망한다. 스스로에게 거침없이 변화를 허용하도록, 자신 내부의 스피드 리미트Speed limit를 풀라. 필자는 공돌이가 천성적으로 가지고 있는 긍지와 우수한 집중력을 탁월한 경쟁력 요소로 손꼽으려 한다. 이 두 가지가 우울하게 조합되면, 우물 안으로 들어가 세상과 담을 쌓는 고된 장인으로 추락하고 말지만, 긍정적으로 결합하면 자신에게 있어 또다른 비전을 찾을 수 있는 기회가 마련될 수 있다.

『성공하는 사람들의 7가지 습관』의 저자 스티븐 코비 박사는 "세상과 타인을 바꾸는 가장 효과적인 방법은 스스로 먼저 변화하는 것이다"라고 정의했다. 공돌이 취향에 맞게 공학적으로 설명하자면, 외부의 에너지를 받아서 수동적으로 변화하는 물질상태보다는 스스로 이미 자극이 되어 있는 Self-oriented 물질상태가 더 에너지상태가 높으며, 주변에 미치는 파급효과가 큰 법이다. 수업시간에 배운 짤막한 공학적 지식 하나도, 이렇게 세상에 적용하면 나름 의미 있는 메시지를 얻을 수 있다. 항상 변화에 준비된 이가, 기회가 주어졌을 때 발 빠르게 대응하여 성공의 성취를 가질 확률이 높은 것 아니겠는가.

몇년 전 애플의 아이패드와 삼성의 갤럭시탭이라는 신제품이 우리나라 대중들에게 선보였다. 출시 후에 모든 경쟁사에서, 그런 기술을 누가 개발하지 못하냐고, 새로운 것이 없다고 비난 섞인 기사를 쏟아냈다. 하지만, 실제 생각을 실행에 옮겨서 역사의 깃발을 꽂은 사람은 바로 생각이 깨어 있고 그것을 직접 행동에 옮긴 누군가였다라는 것을 기억해야 한다. 그것이 애플의 스티브 잡스이든, 삼성전자 무선사업부 신종균 사장이든간에.

스티브 잡스 한 사람의 마법과 같은 프레젠테이션과 제품 하나에 전세계 지구상의 2억 명 이상의 젊은이들이 3개월 주기로 꿈을 꾸는 세상이다. 뻔한 전략, 뻔한 내용, 누가 그걸 모르냐고 혼자 뒤에서 흠을 잡기보다 적극적으로 변화의 자리로 박차고 나와야 한다.

타인의 경험과 지식에 관대하고, 흡수력 높은 '균형 잡힌' 공돌이가 되길 바란다. 자신의 내일이 기대되는 그런 행복한 공돌이가 되길 바란다. 연초에 체력과 건강을 맞바꾼 수백 퍼센트의 대기업 성과급 살포 뉴스에 일희일비하지 않고, 자신만의 또다른 이야기를 쓰는 공돌이가 되어 수백 퍼센트 이상의 인생 성장이 기대되는 삶이 펼쳐지길 진심으로 바란다. 이 글을 읽는 모든 공돌이들이.

에필로그

변화에 자신을 맡겨라

필자는 IT 서비스 솔루션을 파는 세일즈맨이다. 20대의 초중반은 모두 공대 학부, 공대 대학원, 그리고 유명 대기업 연구소에서 열심히 공돌이로서의 본분을 다하면서 지냈다. 상아탑 안에 있을 때인 학창시절과 달리, 공돌이라는 모자를 쓰고 사회로 나왔더니, 갑자기 확장된 인간관계를 바탕으로 하는 사회생활 속에서 어찌 처신할 바를 몰라 적잖이 당황했었다. 커뮤니케이션 능력이 부재했고, 또한 미래를 향한 비전에 대한 진지한 고민이 부재했다. 기껏 밤새 고민해서 아이디어를 안고 나왔더니, 제대로 다른 사람들 앞에서 표현 한 번 못 해보고, 무참히 묵살당하기도 했다. 답답한 마음에 알 수 없는 무언의 대상에 대해 화를 냈지만, 결국엔 문제의 근원은 내 자신에 있었음을 깨달았다.

만약 평생을 안전제일 모드로 보내기로 작정한다면, 안성맞춤이었던 공대 연구소 생활. 하지만 그 안에서 필자는 끊임없이 미래를 향한 고민을 했으며, 젊은 혈기와 본능적인 반발심리에 의해서 변신하기로 작정했다. 그리고, 입사 후 3년하고도 6개월이 지나고, 마음을 굳게 먹은 대로 진로를 뒤집을 수 있는 기회가 다가

왔다. 겉으로는 안정적으로 보이는 월급 명세서 안 숫자 논리와, 직업 안정성에 대한 유혹을 떠나서, 내 마음의 소리에 진지하게 귀를 기울이기 시작했고, 그에 따른 변화를 선택했다. 그리고 한 번도 그 당시의 결정을 후회해본 적이 없다.

이제는 더 이상 공돌이가 아니라, 세일즈맨이라는 전혀 다른 분야에서 좌충우돌하며 살고 있지만, 이 길에 있어 후회는 없다. 내 자신에게 딱 맞는 옷을 제대로 챙겨 입은 듯 지치지 않는 열정을 느끼는 걸 보니 제대로 길을 찾았다는 확신이 든다.

필자가 공돌이로서 가지고 있던 경험은 세일즈맨의 삶을 선택한 이후에 플러스, 마이너스 모두를 주었다. 공돌이로서 살아온 경험은 나를 두려움에서 이겨낼 수 있도록 도왔으며, 자신을 다른 세일즈맨들과 차별화된 특성을 가지게 해주었다.

필자는 공돌이를 위한 7가지 변화 전략을 제시하기 전에, 공돌이 인재들이 가지고 있는 특성을 행동적인 측면, 사고방식적인 측면에서 짚어보았다. 내 스스로가 공돌이가 가질 수 있는 한계를 이겨냈고, 나름의 조그만 역사를 써냈다는 자부심으로, 아직 진정한 비전을 찾기 위해 고민을 하고 있을 수많은 공돌이들에게 조금의 도움이 되길 바라는 마음으로 글을 썼다.

필자는 업무상 유명 대기업의 고객들을 자주 만난다. 일을 하면서 언제나 느끼는 것은 세일즈의 가장 저차원 기술에 해당하는 것이 언변에만 의존하는 것이라는 것이다. 고객에게 한 번이라도 술을 더 사주려고 하고, 사탕발림의 말만 건네는 세일즈는 절대 성공적이지 못한다. 진심으로 고객의 신뢰를 얻지 못한 세일즈는, 고객 앞에서 진실되지 않은 모습을 보여주면 결정적인 순간에 철저하게 고객으로부터 배신을 당하기 마련이다.

가장 고차원적 세일즈는 정직한 세일즈다. 팔려고 하는 것의 장점과 한계를 알고, 진심을 담아 세일즈하는 것이 핵심이다. 어눌해도 괜찮다. 어설프게 말만 살아 있는 것보다, 되는 것은 되고 안 되는 것은 안 됩니다라고 진솔하게 고객에게 전달할 때 고객은 더욱 세일즈맨에 대해 신뢰감을 갖는다. 필자는 공돌이의 딱부러지는 장점을 여기에 접목시킬 수 있다고 생각한다. 공돌이의 주요한 특성 중에 하나인 철저한 분석력으로 자사의 상품 가치를 파악하는 능력은 세일즈를 잘 수행하도록 도울 것이다. 매사에 솔직담백한 공돌이들의 본심은, 팔려는 물건 또는 서비스의 가치를 아주 효과적으로 고객에게 전달하는 무기가 될 수 있을 것이다.

수많은 사람들과 커뮤니케이션을 하고, 그 안에서 사람들의 심리를 꿰뚫고, 마음을 역으로 이용하는 기술이 중요한 여러 분야가 더 이상 공돌이들에게 금단의 영역은 아니다. 우리는 무의식적으로 어렸을 적 적성평가에서(또는 다 커서 시험받는 직무 적성평가에서)

전문가 등의 진로로 갈 것을 강요받았다. 또 그게 옳다고 누구나 인정했다. 하지만, 요즘은 구태의연한 것을 따르는 것이 시대착오적이며, 전혀 창의적일 수 없음이 만천하에 드러난 시대다. 대한민국의 수백만 젊은 공돌이가 이제 당당히 고정관념을 깨뜨리고 나와야 할 시대인 것이다. 절대 다른 사람들의 말 한마디에 스스로 주눅이 들어서 자신의 한계를 결정짓지 않길 바란다.

이제는 사람들의 마음과 감성을 사로잡는 이가 모든 분야에서 승리의 깃발을 흔드는 시대가 되었다. 혹시, 지금 '내가 가지고 있는 기술이 국내 최고, 세계 최고면 돼. 오직 독보적인 기술만 가지면 돼!' 라는 생각을 가지고 있는가? 그렇다면 당신은 1980~1990년대 초반의 사회 의식을 따르고 있다고 보면 된다.

2011년 아쉽게 그 파란만장한 삶을 마감한 스티브 잡스의 인생을 한번쯤 돌이켜보길 바란다. 그의 사망 후에도 대중들은 그를 여전히 그리워한다. 왜 그렇게 열광할까? 그는 자신의 손으로 빚어내는 제품에, 세계 최고를 고집하되 자신의 것만을 고집하지 않았다. (한때 그는 매킨토시 제품으로 그의 기술이 최고인 것만을 고집하다가 시장에서 퇴출당했다.) 그의 유작이자, 걸작인 아이패드에는 전혀 새로운 기술이 없다. 대신 그곳엔 이미 시중에 나와 있는 모든 분야의 기술들이 감각적으로 융합되어 섞여 있을 뿐이다. 그리고 구매자의 감성을 기가 막히게 자극하는 감성 디자인이 함께한다. 지극히 겸손하면서도, 창의적인 인재가 아니라면 도저히 애플의 아이폰, 아이패드 같은 작품을 만들 수 없다. 고지식한 위계질서가 강한 대기업 안에서는 도저히 아이폰 같은 시대의 걸작이 나올 수 없는 것이다.

스티브 잡스와 같은 걸출한 공돌이 CEO가 되고 싶은가? 명예와 부는 차치하고서라도, 세상에 일말의 기여를 할 수 있는 가치를 한 번 만들어내고 싶은가? 한 번뿐인 인생, 지루한 공돌이의 쳇바퀴 같은 삶에서 벗어나보고 싶은가? 일단 변화에 자신을 맡기는 것을 두려워하지 마라. 앞서간 수많은 이들의 이야기를 경청하고, 자신의 것으로 녹이는 데에 자신의 에너지를 아끼지 마라. 지금 당신이 남들과 다른 길을 가고 있다고 느껴진다면, 그래서 왠지 사람들이 당신을 손가락질하고 있는 것처럼 느껴진다면, 당신은 어쩌면 세상을 정말 놀라게 할 준비를 하고 있는지도 모른다.

일본 막부시대에 전국을 떠돌며 강호에서 검술의 일인자가 되었던 미야모토 무사시라는 검객이 있었다. 그가 천하의 검객들을 단번에 쓰러뜨릴 수 있었던 가장 큰 이유는 그에게 어떠한 검술의 기본 교본도, 훈련된 모습도 전혀 보이지 않았기 때문이었다고 한다. 그는 자연에서 검술을 배웠다. 상대가 아무리 천하제일의 검객이라도 무사시의 검의 방향을 예측하지 못했다. 그래서 그는 바람처럼, 모든 검술의 싸움에서 승리했다. 이후 400년이 지난 지금에도 수많은 경영 CEO들이 검객 미야모토 무사시에게 배울 점을 찾는 것은 바로 이 점에 있다.

공돌이여, 뻔하게 '예측 가능한 이'가 되지 말자. 변화를 거듭하는 존재가 되어, 보기 좋게 지금 당신의 주변에서 당신을 바라보는 이들의 편견과 오해를 단박에 깨어줄 수 있기를 기원한다.

20대 젊은 날, 숱한 경험들로부터 얻은 변화의 교훈들을 스펀지처럼 빨아들이고자 노력했고, 답답한 현실에서 탈출구를 찾아 헤맸던 필자의 노하우가 비록 좁은 지면이지만 충분히 녹아들어 독자들에게 전달되었기를 바란다. 이 모자란 글이 뜨거운 여름날 대지를 식혀주는 청량한 단비처럼, 그대의 갈증을 해소해주고, 또한 꺼져가는 가슴속의 불씨에 기름을 부어주는 역할을 조금이라도 했다면 그것만으로도 필자는 기쁘기 그지 없겠다. 이 땅을 살아가는 수백만 공돌이의 '변화로의 선택'이 정말 '도발적'일 만큼 신선한 충격이길 바란다. 그리고 그로 인해 멈춰 있던 그대의 가슴이 다시 뜨겁게 뛸 수 있기를 진심으로 희망한다.

2013년 3월. 지독히 추웠던 겨울을 보내고, 나시 '봄'을 기다리는 밤,
'공대생 인생튜닝법' 개정판을 갈무리 하며
서울에서, 서승원 Dream

먼저 읽고

운명의 담을 넘어 변화를 꿈꾸는
수백만 대한민국 공돌이를 위하여

나는 문과 출신 금융인이다. 원래 고등학교 시절에는 수학이나 물리 등 문과 과목보다 이과 과목을 더 좋아했지만, 문과를 선택해 대학시절에는 문과 공부만 했다. 은행에 들어온 후 최근 7년간 리스크 관리업무를 담당하고 있다. 이과 영역인 수학이나 통계학, 금융공학 등이 금융 업무에 활용되는 것을 보면서 이과와 문과 두 영역의 상호 활용이 가지는 놀라운 힘을 경험하고 있다.

이공계와 인문계, 이과와 문과. 사람들이 임의로 정해놓은 이 구분의 의미는 한쪽의 경험을 다른 쪽에서 활용하게 될 때 진정 이해할 수 있다. 이과의 특징은 분석적이고, 작은 하나하나의 사실에 근거해 진실을 규명한다는 것이다. 문과의 특징은 복잡한 현상을 종합하고, 그것을 하나의 의미로 표현한다. 이 두 가지가 함께 있을 때 진정한 그 무엇이 완성되지 않겠는가?

이 책에서 말하는 공돌이들은 대학시절, 분석을 바탕으로 한 논리와 수리에 익숙한 사람들이다. 사회로 나온 이들이 경험하는 비즈니스 세계는 수학보다 훨씬 복잡해서 책에서 배운 공식대로 움직여지는 사회가 아니다. 새로운 환경에 적응하고 싶지만, 두려움과 망설임이 앞선다. 그러나, 이들이 반드시 깨달아야 하는 것은 문과 출신보다 훨씬 강력한 무기를 자신이 이미 갖추고 있다는 사실이다. 허황된 추측이 아니라, 사실에 근거한 명확한 판단, 근거가 분명한 논리를 바탕으로 생각하고 행동하는 것, 이것이야말로 이과 출신 공돌이의 분명한 장점이고 경쟁력이다.

  이 책은 그러한 사실을 강조하고 있으며, 이과 출신으로서 새로운 영역으로 변화해가는 전략을 잘 보여주고 있다. 동시에 이러한 변화는 어느 한 영역을 버리고 다른 한 영역을 선택하는 것이 아니라, 이미 체득한 한 영역의 장점을 가지고 다른 영역으로 들어와 자신이 가진 장점의 바탕 위에서 새로운 경쟁력을 만들어 성장해가는 과정임을 보여준다. 그러한 성장 가운데 우리는 일의 의미와 기쁨, 나아가 자신의 삶의 의미와 기쁨을 발견하게 되는 것이다.

전 외환은행 부행장 이상철

공대생 인생 튜닝법 2.0

공대생, 미친 존재감으로 거듭나기 위한
7가지 변화 전략

개 정 판 1쇄 인쇄 | 2013년 3월 25일
개 정 판 1쇄 발행 | 2013년 3월 30일

지 은 이 서승원
펴 낸 이 김현주
펴 낸 곳 섬앤섬

'위너스북' 은 섬앤섬 출판사의 경제·경영·자기계발 브랜드입니다.

주   소 경기도 고양시 일산동구 호수로 340-38
          1016호(비잔티움일산 1단지)
전   화 070-7763-7200
팩   스 031-907-9420
등   록 2008년 12월 1일

출   력 나모에디트
인쇄·제본 우진테크

ISBN 978-89-97454-07-5 13320